Das Buch

Überraschung für Jutta: Bruno gewinnt bei einer Weinverkostung für sieben Tage ein Wohnmobil und will ihr nun endlich einmal die Spore, den Absatz und auch die Stiefelspitze seines wunderbaren Landes zeigen. Und wie könnte man den Süden Italiens besser bereisen als mit einem Wohnmobil? Doch die Camping-Tour der beiden gestaltet sich mitunter als äußerst pannenreich, sowohl zwischenmenschlich wie auch in der Fortbewegung. Die unkonventionelle Jutta ist immer gut für Alternativen und hat mit dem eher scheuen Charakter Brunos auch diesmal ihre Probleme, zumal Bruno beim Radwechseln nicht viel Talent mitbringt – Jutta dafür umso mehr! Ob es um die Erlebnisse auf mehr oder weniger luxuriösen Campingplätzen geht, um Auseinandersetzungen mit den *Carabinieri* oder einem Treffen mit Brunos Freunden – dem Leser wird auch bei diesem Abenteuer nicht langweilig.

Die Autoren

Jutta Speidel ist eine der beliebtesten und erfolgreichsten Schauspielerinnen im deutschsprachigen Raum. Sie wurde in München geboren, lebt dort und hat zwei erwachsene Töchter. Sie ist Gründerin der Stiftung HORIZONT, die sich für obdachlose Kinder und ihre Mütter einsetzt. www.horizont-ev.org

Bruno Maccallini stammt aus Rom und ist in Italien ein erfolgreicher Theaterschauspieler, Regisseur und Fernsehproduzent. In Deutschland wurde er berühmt als »Cappuccino-Mann« in verschiedenen Werbekampagnen (»Isch abbe gar kein Auto, Signorina!«).

Von Jutta Speidel und Bruno Maccallini sind in unserem Hause
bereits erschienen:

Wir haben gar kein Auto ... Mit dem Rad über die Alpen
Zwei Esel auf Sardinien. Ein deutsch-italienisches Abenteuer
Ahoi, Amore! Unterwegs auf dem falschen Dampfer

Jutta Speidel / Bruno Maccallini

Wir haben doch ein Auto!

Eine italienische Reise mit dem Wohnmobil

Ullstein

Besuchen Sie uns im Internet:
www.ullstein-taschenbuch.de

Der Text von Bruno Maccallini
wurde von Katharina Schmidt
und Barbara Neeb ins
Deutsche übertragen.

Originalausgabe im Ullstein Taschenbuch
2. Auflage April 2014
3. Auflage 2014
© Ullstein Buchverlage GmbH, Berlin 2014
Umschlaggestaltung: ZERO Werbeagentur, München
Titelfoto: © Martina Maccallini
Titelillustrationen: FinePic®, München (kleines Auto)
Fotos im Innenteil: © Martina Maccallini
Satz: LVD GmbH, Berlin
Gesetzt aus der Bembo
Druck und Bindearbeiten: GGP Media GmbH, Pößneck
Printed in Germany
ISBN 978-3-548-37540-3

ALLEN VERLORENEN TRÄUMEN,
DAMIT SIE WIEDER FLÜGEL BEKOMMEN.

PROLOG

Jutta

Der frühe Sommer 2013 bescherte Deutschland jede Menge Wasser. Es regnete und regnete, Donau, Inn und Isar traten über die Ufer und überfluteten die Altstädte von Passau und Degendorf. In kleinen niederbayerischen Dörfern sah man gerade noch die Satteldächer aus den braunen, schlammigen Fluten herausragen. Italien meldete die stärksten Regenfälle seit Jahren. In Österreich gingen Muren ab, und der Münchner liebstes Ausflugsziel, die Region um Kitzbühel, war von der Außenwelt abgeschnitten.

Hingegen jubelte Skandinavien über eine Hitzewelle. So einen Sommer hatten sie lange nicht erlebt!

Endlich konnten sich die Schweden im eigenen Land an den braungebrannten Gazellenbeinen ihrer weiblichen Landesbewohnerinnen ergötzen, die sonst meist italienisches Blut in Wallung brachten, denn man hatte beschlossen, diesen schwedischen Sommer zu Hause zu verbringen. Lange blonde Mähnen fielen über goldbraune Rücken, die lediglich von einem süßen Nichts aus Seide oder Baumwolle bedeckt waren.

Und mittendrin war ich.

Vor mir einer dieser riesigen Seen mit seinen vielen Armen, die sich bis Stockholm ziehen und auf der Landkarte aussehen wie eine gierige Krake.

Hinter mir Kurt Tucholsky.

Nein, natürlich nicht persönlich, wohl aber Schloss Gripsholm. Ich sitze auf meinem Klappstuhl, der mich immer zu allen Dreharbeiten begleitet, der meine kleine Heimat, mein Büro ist, auf dem ich mich auf die nächste Szene konzentriere oder in Pausen vor mich hin döse und auf den sich niemand sonst setzen darf. Mein Fengshui-Plätzchen, wie ich es nenne. Diesmal steht er halb im Wasser, so dass ich meine Füße kühlen kann. Hinter meinem Rücken herrscht reges Treiben vor dem trutzigen Schloss. Die Beleuchter schleppen Scheinwerfer, die Leute von der Baubühne bauen eine lange Schiene, auf der der Dolli gleitet; so nennt man den Wagen, auf dem dann die Kamera befestigt wird, die unsere lange Dialogszene in Fahrt filmen wird.

Ein Quakquakquak reißt mich aus meinem trägen Nichtstun. Es ist mein Handy respektive der Klingelton meines Handys. Das Quak ist seine Tarnung, denn falls es während einer Szene quaken sollte, kann ich immer behaupten, das waren die Enten im See.

Sonst muss man nach Feierabend eine Runde ausgeben, und das ist teuer, besonders in Schweden.

Jetzt darf es ruhig quaken, denn ich habe ja Pause.

Es ist Bruno, der quakt. Er sei gerade auf einer Weindegustation im Auditorium von Rom. Unser Freund und Sommelier Ubaldo Pizzingrilli, ich schwöre, den Namen hab ich nicht erfunden, hätte eine phantastische Festa del Vino organisiert, und soeben würde er meinen Lieblingsrotwein, einen Amarone, kosten. Bepi aus der Locanda Corte Lonardi, ein Weingut im Valpolicella, das ich vor circa 20 Jahren durch Zufall entdeckt habe und alle paar Jahre besuche, um danach mit vollem Kofferraum gen München zu fahren, wäre hier. Er ließe mich herzlich grüßen und bedaure, dass ich nicht dabei wäre. Nun bin ich doch ein wenig neidisch, obwohl es mir gerade hier so gut geht. Ach, immer will man da sein, wo man gerade nicht ist. Zu dumm! Er soll unbedingt zwei Kisten Amarone und zwei Kisten Valpolicella classico kaufen, bitte ich Bruno. Er soll sie nach München schicken lassen und Bepi versichern, dass ich im nächsten Jahr persönlich vorbeikomme.

Minuten später quakt erneut mein Handy, und Bruno berichtet von einem besonders guten Weißwein, den er gekostet hat und von dem er ein paar Flaschen mitnehmen will. Ob ich davon auch möchte? Ich bitte ihn, mir ebenfalls 12 Flaschen schicken zu lassen.

Inzwischen naht das Ende der Filmaufbauten, und es wird an mir gepudert, gezipft und gezupft, in Gedanken gehe ich noch mal die Szene durch, und der Aufnahmeleiter trommelt alle zusammen. Die Klappe wird geschlagen; 37/1/die Erste. Mein Kollege und ich konzentrieren uns auf unseren Dialog und setzen uns langsam in Bewegung, wobei wir der Schiene und der Kamera folgen.

Quakquakquak, o Gott, ich habe vergessen, das Handy auszuschalten! Ich tue, als würde ich es überhaupt nicht bemerken, und spreche weiter. Es hört nicht auf zu quaken. Irritiert ziehe ich die Szene durch und hoffe, dass es keiner mitbekommen hat. Wir sind am Ende der Schiene angekommen und sprechen noch ein paar Sätze im Stehen. Mein Telefon hat inzwischen klein beigegeben. Der Regisseur hat ein paar Anmerkungen zu unserem Spiel, wir gehen wieder auf Anfang. 37/1/die Zweite. Erneut setzt sich alles in Bewegung. Es läuft gut, bald sind wir fertig. Quakquakquak!

Das darf doch nicht wahr sein! Ich hatte ja keine Zeit, zu meinem Stuhl zu eilen und der Ente den Schnabel zu verschließen. Die Szene ist im Kasten, und der Regisseur verkündet lautstark: »Vielen Dank, und ein besonderer Dank geht an Jutta, die heute Abend alle zu einem Umtrunk auf die Hotelterrasse einlädt.« Er grinst mich freundlich an, und ich drücke meine besondere Freude darüber aus, dem Team zu einer Happy Hour verholfen zu haben.

Während die Schiene wieder abgebaut wird, blicke ich auf das Display, um zu sehen, wer mich denn so penetrant angerufen hat. Mein Weinverkoster, wer sonst! Ich kann ihm ja nicht mal böse sein, es ist meine eigene Schuld.

Ganz aufgeregt ist Bruno, als ich ihn zurückrufe. Er hätte mir etwas Großartiges zu erzählen, ob ich denn sitzen würde? »Ja«, gebe ich zur Antwort, »deine beiden nicht enden wollenden Anrufe kommen mich teuer zu stehen. Heute Abend kostet mich der Spaß bestimmt 100 Euro, und wahrscheinlich darf ich die Szene nun auch noch synchronisieren, denn keine Ente quakt drei Minuten am Stück.« Er versteht mich nicht ganz, aber das wäre auch egal, meint er, denn er müsste mir unbedingt etwas berichten.

Bei der Degustation gab es eine Tombola für die Erdbebenopfer in L'Aquila, die ihre Häuser nach wie vor nicht wieder aufbauen konnten und wie Obdachlose seit über vier Jahren in Auffanglagern hausen, weil das gesammelte Geld in irgendwelchen anderen Kanälen versickert ist. Jeder, der heute Wein kauft, so Bruno, bekommt pro Kiste ein Los. Er hätte nun insgesamt sieben Lose bekommen. Sechs davon wären Nieten, was typisch für ihn sei. Jedoch war das siebte Los ein Hauptgewinn, und das müsste er mir sofort sagen. »Halt dich fest, *Tesoro*, wir haben für eine Woche einen Camper inklusive Benzin gewonnen!!!!!!!!!!!!!!!«

Der Gewinn muss allerdings noch dieses Jahr eingelöst werden, und am besten wäre es doch, wenn wir gleich im September losfahren würden, wenn es nicht mehr so heiß wäre und die Campingplätze nicht mehr so voll, und überhaupt wollte er mir schon so lange mal den unteren Teil des Stiefels zeigen. »Was sagst du nun?«

»Chrrrsuuuperr«, röchle ich, denn nichts finde ich schrecklicher, als mit einem Wohnmobil durch die Gegend zu gurken. »Weißt du, Schatz, mit diesem tollen Gewinn könntest du noch viel mehr Gutes tun, wenn du ihn versteigern würdest. Da kommt bestimmt ganz viel Geld zusammen, denn es gibt bestimmt viele absolute Campingfreaks, die dafür richtig was ausgeben, besonders, wo es doch für einen guten Zweck ist«, versuche ich meinen weichherzigen Italiener einzululen.

Bruno jedoch scheint seine weiche Seite heute zu Hause gelassen zu haben, denn er reagiert empört. Ob mich ein Elch geküsst oder ob ich einen schwedischen Sonnenstich hätte? Das käme überhaupt nicht in Frage, so leicht würde ich nicht aus der Nummer rauskommen, schließlich hätte er jetzt endlich einmal Glück gehabt, und das wollte er verdammt noch mal auch mit mir ausleben. Mit diesen Worten legt er beleidigt auf.

In den verbleibenden drei Wochen, die ich filmenderweise in Schweden verbringe, sehe ich jedem Wohnmobil auf der Straße nach. Noch nie ist mir aufgefallen, wie viele Menschen auf diese Art und Weise ihren Urlaub verbringen. Besonders in Schweden scheinen sich die Liebhaber dieser optisch meist hässlichen, mich an geprügelte Bulldoggen erinnernde Gefährte zu häufen. Überall stehen sie herum. Von 20 Autos auf einem Parkplatz sind acht Wohnmobile. Manche mit Zeltvordach und Klapptisch und Stühlen, manche mit Surfbrettern auf dem Dach oder Fahrrädern am Heck. Die Bewohner dieser Ungetüme sehen sich irgendwie alle ähnlich. Nein, das geht ja gar nicht, ich sehe anders aus!

Bis es schließlich Herbst wird, habe ich so viele Wohnmobile auf der Straße gesehen, egal ob in Bayern oder während unseres Kurzurlaubs bei Freunden auf Mallorca, dass ich schon fast das Gefühl habe, selbst in einem gesessen zu haben. Es gibt kein Entrinnen, so viel steht fest. Bruno will diese Woche nur mit mir verbringen. Ich habe die Bedingungen für meine Begleitung an die Wand genagelt.

1. ICH KOCHE NICHT
2. ICH SPÜLE NICHT
3. ICH PUTZE NICHT
4. ICH SÄUBERE NICHT DAS KLO
5. ICH FAHRE DIESES TEIL AUCH NICHT

Das Einzige, wozu ich mich herablassen würde, wäre, das Bett zu machen, denn wenn ich etwas nicht leiden kann, dann sind es Falten im Laken, die mich nachts bei jeder Umdrehung piken. Nein, das geht absolut nicht, da bin ich Prinzessin.

1. TAG

Campen will gelernt sein – die Reise nach Sperlonga
Jutta

Hab ich schon mal erwähnt, dass in Italien *cinque minuti*, also fünf Minuten, eine äußerst dehnbare Zeitspanne umfassen können? Daraus können flugs auch 30 Minuten oder gar eine Stunde werden. Das gilt auch für die darauf folgende Entschuldigung: *molto traffico*. Nach zehn Jahren Rom-Erfahrung weiß selbst ich, dass Pünktlichkeit in diesem Verkehr wahrhaftig nicht möglich ist. Dennoch, wenn man sich an dem ungemütlichen Flughafen Fiumincino die Hacken in den Bauch steht, weil der Liebste mal wieder im *traffico* steckt, kann sich schon mal leichter Unmut ausbreiten.

Als er dann endlich nach … nein ich erwähne jetzt nicht, wie viel später er mit wehenden Haaren angerauscht kommt, hat er nicht die Spur einer Entschuldigung auf den Lippen, sondern strahlt übers ganze Gesicht wie ein Honigkuchenpferd. »Du wirst gleich staunen«, gluckst er in Vorfreude, küsst und umarmt mich und rennt Richtung Parkplatz. Ich stolpere mit Rollkoffer und Tasche hinterher.

Als wir dann wenig später vor dem rollenden Küchenkloschlafwohnesszimmer stehen, bin ich ein wenig enttäuscht. Hatte ich mich doch auf ein mindestens acht bis zehn Meter langes Monster eingestellt. Das hier, so schätze ich, misst vielleicht gerade mal sechs Meter. Wer weiß, vielleicht werden wir noch froh darüber sein, so ein relativ kleines, auch nicht ganz so hässliches Gefährt gewonnen zu haben, und außerdem schaut man einem geschenkten Gaul nicht ins Maul! Bruno öffnet die Eingangstür. Ich klettere mit meinem Gepäck durch die schmale Türe und stehe in einem circa zwei Quadratmeter großen Gang, der mit Plastiktüten vollgestopft ist. »Scusa, amore, ma non c'era il tempo per mettere a posto tutto«, grinst er verlegen und erklärt, dass er zwar ein Wohnmobil gewonnen hat, aber dass darin absolut kein Inventar gewesen sei und er nun in aller Eile, denn schließlich musste er ja rechtzeitig am Flughafen sein, beim Supermercato das Nötigste besorgt hätte. Ich quetsche meinen Koffer mitsamt Tragetasche zwischen Klopapier, Plastikbecher und Geschirr und klettere dann in den Fond, um mich in einen sesselartigen Beifahrersitz plumpsen zu lassen. Bruno eilt geschäftig zum Automaten, um das Parkticket zu bezahlen. Derweil sehe ich mir unser neues Zuhause an. Jede Schublade, jedes Schränkchen lässt sich per Knopfdruck öffnen und schließen. Sehr praktisch! Der Tisch ist fest verankert. An einer Seite steht eine scheinbar ausziehbare Doppelbank für zwei ganz schmale Popos respektive einem Wohnmobilbeifahrerhintern. Der Fahrersitz lässt sich um 180 Grad drehen, so dass auch ein hungriger Chauffeur seinen Hunger zu gegebener Zeit stillen kann. Gut durchdacht!

Die kleine Küchenzeile mit Ceranfeld, kleinem Kühlschrank und Spülbecken befindet sich gegenüber dem Tisch, und ein schmales Lotterdoppelbett mit Seiteneinstieg rechts dahinter. Wiederum links daneben geht es wohl zu einem Bad, aber das werde ich später besichtigen.

Als Bruno sich nun mit bezahltem Ticket zwischen den Lippen neben mich setzt, kann ich es mir nicht verkneifen zu sagen: »Na mein Schatz, jetzt hast du doch ein Auto!« Er nickt beglückt, sagt »mmmpf«, steckt nach diversen Fehlversuchen den richtigen Schlüssel ins Schloss, startet den Motor, und das Wohnmobil macht einen Bocksprung nach vorne.

»Ich muss mich erst noch an die Schaltung im Camper gewöhnen«, erklärt er verlegen. Mit krrr und krrrach legt er den Rückwärtsgang ein, und sofort piepst es im Innenraum. Was ist denn jetzt los? Bruno geht in den Leerlauf, das Piepsen hört auf. Erneutes Krrrraaach, der Gang ist wieder drin, und wieder piepst es penetrant. Ich soll ihm mal die Gebrauchsanweisung aus dem Handschuhfach geben, bittet er mich leicht genervt. Minutenlanges Schweigen folgt. Ich hüte mich, ihm irgendwelche Fragen zu stellen, nein, da halte ich mich raus. »Ah, certo«, sagt er kurz darauf, »du hast das Licht hinten brennen lassen.« »ICH?«, will ich protestieren, reiß mich aber zusammen und halte den Mund. Bruno klettert nun umständlich nach hinten, um den Generallichtschalter zu finden. Ich beobachte die Lichtspiele im Rückspiegel. Dämmerung breitet sich im Wohnmobil aus. Alle Rollos sind nach unten gezogen, nur durch die getönte Frontscheibe dringt Tageslicht. »Da krieg ich ja Depressionen, wenn wir hier in so einem Sarg fahren«, meckere ich, und während Bruno vorsichtig und ganz langsam rückwärts fährt, begebe ich mich nach hinten zu den Fenstern. Es ist ganz schön trickreich, diese Plastikrollos zum Hochschnappen zu bewegen, außerdem komme ich wegen der Tüten auch kaum dran und mühe mich halb kniend, halb stehend mit den Dingern ab. Als Bruno abrupt bremst, falle ich auf den Rücken, gefolgt von einem Kängurusprung nach vorne, und schon stehe ich wieder. »Aua«, sag ich, »kannst du nicht vorsichtiger fahren, du tust mir weh.« Ich soll ihm nicht böse sein, aber er hätte es sicher bald heraus, wo die Gänge liegen, und dann würde es nur noch ganz wunderbar werden, meint Bruno zuversichtlich.

Die Fahrt auf der Autobahn in Richtung Rom ist, wie Bruno mir prophezeit, wirklich wunderbar. Er fährt auf dem Mittelstreifen, weil er die Dimension des Wohnmobils noch nicht einschätzen kann, und so würde er nicht Gefahr laufen, rechts oder links irgendwo anzustoßen. Seine Durchschnittsgeschwindigkeit liegt bei 50 km/h, so hat er zum Vordermann immer genug Abstand und einen langen Bremsweg, falls es einen Stau gibt. Ich teile ihm mit, dass es den bereits gibt, nur hinter ihm. Alle paar Minuten überholt uns einer laut hupend und zeigt uns den Stinkefinger, doch das übersieht Bruno geflissentlich. Kriminell wird es allerdings, als er plötzlich sein Handy umständlich aus der Hosentasche fischt und seine Tochter anruft, mit der wir uns morgen treffen wollen. Reflexartig greife ich ins Steuer, weil er Schlangenlinien fährt. Das allerdings war das Dümmste, was ich machen konnte, und ich könnte mich dafür in den Hintern beißen. Bruno erschrickt darüber so sehr, dass er das Steuer nach links zieht und wir ins Trudeln geraten. Das Mobil hat eine Servolenkung, und darauf war ich nicht gefasst. Vor lauter Schreck schreie ich kurz auf, Bruno lässt das Handy fallen und lenkt rechts, links, rechts, bis wir wieder auf der Geraden sind. Danach bricht ein Gewitter über mich herein. Ob ich denn völlig *matta* sei? Nur eine *asina* würde so etwas Dummes machen. Ich kann ihm nur recht geben.

»Verzeih, ja, ich bin eine verrückte Eselin.«

»Aber eine süße Eselin«, meint Bruno, der immer glücklich ist, wenn ich mal was zugebe. Nach diesem Manöver steigt mein Vertrauen in Brunos Fahrkunst ein wenig, und ich nehme mir ganz fest vor, ihn nie wieder auf der Reise zu korrigieren.

Bald erreichen wir die Via Appia Antica, und es geht hinaus aus der Stadt. Nach wie vor ist diese alte Landstraße mit ihren herrlichen Villen und Parks, in denen noch vor gar nicht so langer Zeit die großen italienischen Filmstars und Regisseure gewohnt haben, mit ihren Ausgrabungen und den Caracalla-Thermen die schönste Straße in Rom. So lange schon wollte ich mit Bruno einmal per Fahrrad alles erkunden und bis Cinecittà zu den berühmten Filmstudios fahren. Entweder war es aber zu heiß oder zu umständlich, denn unsere Fahrräder stehen in München.

Bruno hat unsere Route alleine ausgearbeitet. Auf meine Frage, wo und wie weit er denn plant, heute zu kommen, hüllt er sich in geheimnisvolles Schweigen und meint, ich soll ihm einfach vertrauen und jede Minute genießen. Das finde ich gut, und so entspanne ich mich und lasse mir am offenen Fenster die Sonne ins Gesicht scheinen. Auch in Italien ist es herbstlich geworden, wenngleich es immer noch warm ist im Vergleich zu Deutschland.

Mein Magen knurrt, und insgeheim hoffe ich, dass

Bruno bald eine Pause für ein *pranzo* geplant hat. Das ist eine nachmittägliche Kleinigkeit, die entweder ein *panino* oder ein Salat sein kann, danach ein Caffè Corretto und ein winziges *dolce*. O ja, darauf hätte ich jetzt Lust!

Als würde Bruno meine Gedanken lesen, sagt er, dass wir jetzt noch circa eine Stunde fahren, erst auf der Autobahn Richtung Neapel, dann weiter auf der Landstraße, denn wie ich mich doch sicher noch erinnern könnte, gäbe es da den besten *Mozzarella di Bufala* der Welt. Mir läuft bei diesen Aussichten das Wasser im Munde zusammen.

Ich bin froh, als wir nach dem Gezuckel endlich die Autobahn verlassen, um eine Pause zu machen. Wie so oft frage ich mich, warum Italien es bei diesen enormen Mautgebühren nicht fertigbringt, die Autobahnen in einen befahrbaren Zustand zu versetzen. Je südlicher man kommt, desto schlimmer ist der Bodenbelag, zudem sind sie bis auf wenige Ausnahmen auch nur zweispurig, was ein Überholmanöver mit so einem Wohnmobil zu einem Abenteuer macht. Deshalb lässt Bruno das auch besser. Wir fahren nun auf der Landstraße. Zugegeben, dieser Weg ist weder schön, noch lädt er zum Innehalten ein, so man nicht weiß, dass es hier einen *Mozzarella di Bufala* gibt, der jeden anderen in den Schatten stellt und jeden Umweg wert ist. Wir halten bei einer windigen Bude mit hässlichen, ehemals weißen Plastikstühlen und Tischen. Sogleich gehen wir in ein flaches Gebäude, in dem ein gutes Dutzend Becken mit Salzlauge stehen. Darin schwimmen riesige Kugeln Mozzarella. Sie haben bestimmt einen Durchmesser von 15 cm, es gibt auch kleinere Kugeln, Doppelkugeln, winzige Bällchen, längliche Rollen, andere wiederum sehen aus wie Luftballons mit abgeschnürtem Zipfelchen. Sie sind weich, einige hart, trocken oder richtig fett. Kurzum, es gibt alle Sorten der Welt, und man hat die Qual der Wahl. Ich entscheide mich für eine richtig fette 15-cm-Kugel.

In Deutschland isst man dazu ja Tomaten und Basilikum und würzt den Käse mit Öl und *Aceto balsamico*, Salz und Pfeffer. Dazu gibt es *Ciabatta* mit Kräutern, allein schon, um damit die Soße aufzutunken. Hier jedoch ist das anders. Auf den Tischen steht eine Flasche Öl und Salz, und eine Scheibe Weißbrot wird dazu gereicht. Das ist alles. Als ich das zum ersten Male so serviert bekommen habe, war ich empört. Von wegen Esskultur in Italien, die haben ja keine Ahnung, die Banausen, hab ich mir gedacht und lag völlig falsch. Dieser Mozzarella bedarf lediglich eines Tropfen Öls und einer Prise Salz. Alles andere würde seinen einmaligen Geschmack übertünchen. Nun noch ein Gläschen Wein dazu, schließlich haben wir ja Urlaub, und ich bin wunschlos glücklich. Bruno kommt jedoch mit zwei Flaschen stillem Wasser an den Tisch. »Wein gibt es erst heute Abend auf dem Campingplatz, wir müssen noch eine ziemliche Strecke bis dahin hinter uns bringen«, erklärt er. »Was heißt hier WIR? Du fährst, mein Lieber, nicht WIR«, protestiere ich und hole mir am Tresen einen kühlen frischen Landwein.

Heute ist es richtig warm, fast heiß. Während wir in Deutschland bereits Strümpfe tragen und die Wolljacke über die Schultern hängen, genießen meine Füße hier ihre Freiheit in Flipflops, und meine Schultern und Arme können sich noch einmal ein bisschen in der herbstlichen Sonne bräunen. Bruno holt einen Routenplan, den er zu Hause ausgedruckt hat, aus dem Wohnmobil. Er hat sich dafür eine große schwarze Mappe gekauft, die mächtig beeindruckend aussieht. Darin befinden sich ein Schreibblock, Stifte, Radiergummi und ein Spitzer, natürlich die Route und ein Zettel, auf dem der Name eines Campingplatzes steht mit der Reservierungsnummer und einem Datum. An alles hat mein Schatz gedacht, ich bin stolz auf ihn. »Du hast aber schon auch Landkarten dabei?«, frage ich ihn. Er verneint, denn so etwas wäre erstens platzraubend und zweitens absolut veraltet, nur so Dinosaurier wie ich würden noch auf die Landkarte schauen, um den Weg zu finden. Er hätte alles genauestens geplant und griffbereit in seinem Computer. Jeden Tag einzeln abgespeichert, so dass er ihn nur jeden Morgen vor der Abfahrt ausdrucken müsste. *Senza problemi, amore!*

»Jaja, und natürlich gibt es weder Baustellen auf der Reise und damit auch keine Umwege, und natürlich hat jeder Campingplatz im Spätherbst schon morgens sein Büro geöffnet, und die Drucker warten nur darauf, uns die Tagesreise auszuspucken«, nöle ich und sehe *molti problemi* auf uns zukommen.

Nun fahren wir wieder Richtung Meer, ein gutes Stück zurück, aber der köstliche Mozzarella lohnt die Fahrt ins Landesinnere Richtung Kampanien. Schließlich haben wir ja Urlaub! Die Landstraße nach Sperlonga, eine wunderschöne alte Stadt am Meer, in der Bruno und ich schon einige Male ein verlängertes Wochenende verbracht haben, schlängelt sich malerisch an der Küste entlang. Der Himmel verfärbt sich langsam mit der untergehenden Sonne, und ich sauge diese Stimmung in mir auf, als könnte ich sie für die trüben deutschen Wintertage bunkern.

Bruno schwärmt von dem romantischen Campingplatz, den wir in wenigen Minuten erreichen werden. Er hat ihn schon vor Wochen gebucht, damit wir auch sicher ein Plätzchen bekommen. Direkt am Meer, mitten in einem Orangen- und Olivenhain ... die Website des Campingplatzes hätte ihn begeistert. Irgendwie kann ich mir gar nicht vorstellen, dass zu dieser Jahreszeit noch so viele Italiener mit einem Wohnmobil unterwegs sind, die müssen doch genau wie die Deutschen im Oktober arbeiten. Sicher, es gibt Rentner, die Zeit haben, aber ich würde mich dann eher noch weiter unten im Stiefel einrichten. Mir soll es recht sein, ich will ja dort keine Wurzeln schlagen.

Rechts und links neben der Straße stehen große bunte Informationstafeln, die auf Restaurants, Hotels und Campingplätze hinweisen, und Bruno zeigt erfreut auf eines, das mit Palmen, Badenixen und himmelblauem Meer verziert ist. 500 m nach rechts, und wir stehen vor einem großen geschlossenen Tor.

Bruno schwingt sich behände aus seinem Fahrersitz und läutet an der Klingel neben der Einfahrt. Es vergehen einige Minuten, aber nichts rührt sich. Er rüttelt an dem Tor, aber es schwingt nicht auf. »*Amore*, schau mal in meine Reisemappe, da muss eine Telefonnummer auf der Bestätigung stehen, gib sie mir, ich ruf mal an«, ruft er mir voller Zuversicht zu. Während ich die Nummer suche, fällt mein Blick auf das Datum der Bestätigung: es ist der zweite September. Eine Telefonnummer finde ich nicht, lediglich die E-Mail-Adresse. Bruno kann es nicht glauben.

»Lass uns zu dem Schild zurückfahren, vielleicht steht sie da drauf«, schlage ich vor. Bruno klingelt erneut Sturm, ohne Erfolg. Leicht angesäuert steigt er wieder ein und will rückwärts fahren, um umzudrehen. Die nächste Szene ist typisch Bruno. Da er gedanklich mit der verschlossenen Türe beschäftigt ist, findet er den Rückwärtsgang nicht, wird nervös, der Wagen rollt nach vorne, in letzter Sekunde steigt er auf die Bremse, wahrscheinlich vor lauter Schreck über mein lautes STOOOOOPP. Dann probiert er alle Gänge durch, und ich deute ihm an, dass er vielleicht im Leerlauf auf den Hebel drücken muss oder ihn anheben, denn der Rückwärtsgang liegt rechts unten. Krrrrrh, schönen Gruß vom Getriebe, der Gang ist drin!

Als wir bei dem Schild ankommen, ist es bereits ziemlich dunkel, denn die Sonne geht gerade blutrot unter. Ich steige aus, um besser zu erkennen, was dort geschrieben steht.

Quer über den Bauch eines Bikinimädchens klebt ein weißer Plastikstreifen, und auf dem steht unmissverständlich: Chiuso: 1.10.2013–30.4.2014

»Der Campingplatz ist geschlossen, Bruno. Die machen Ferien, du hast wohl das falsche Datum gebucht«, rufe ich ihm zu. So ein Quatsch, das könne gar nicht sein, ich soll ihm jetzt mal die Nummer geben, da steht doch eine dabei, schreit er zurück. Richtig, da steht wirklich eine, und die gebe ich ihm. Leider ändert das aber nichts an der Tatsache. Der Anrufbeantworter bestätigt ihm, dass selbst für uns wild zum Campen Entschlossene das Tor bis Mai verschlossen bleibt.

»Na bravo, Bruno, und was machen wir jetzt?«

Bruno ist irritiert und liest seine Buchung mehrmals durch, um dann festzustellen, dass »diese Idioten von dem Campingplatz« ihn wohl falsch verstanden hätten. Am 2. September hat er zwar gebucht, aber doch nicht für den 2. September, er hat vom 2. Oktober gesprochen. Die wären doch völlig bescheuert, »typisch Italiener, auf nichts kann man sich verlassen«.

Ich schweige besser mal wieder, ist eh sinnlos, es ist seine Reise, nun soll er sich mal was überlegen. Das tut er dann auch und steuert einfach das nächste Schild an, auf dem CAMPING TAHITI steht. Dort steht das Tor offen, und in dem kleinen Häuschen schräg daneben leuchtet eine Funzel durch das offene Fenster. Schemenhaft ist eine Person zu erkennen. Na, dann sind wir ja gerettet. Freudestrahlend schwenkt Bruno kurz darauf ein Papier. Wir hätten quasi den gesamten Campingplatz für uns, und morgen früh bekämen wir sogar noch in der Trattoria außerhalb des Geländes ein Frühstück. Na prima! Glücklich über diese frohe Botschaft, rollen wir ins Gelände.

Tahiti! Was für ein Name für so ein trostloses Campereiland. Es stehen ein paar einsame Zelte und vergammelte Wohnwagen herum, aber ansonsten herrscht Ödnis. Bruno versucht ein Plätzchen mit Aussicht aufs Meer zu finden, das mir eventuell ein zartes »Oh« entlocken könnte, und stellt sich schließlich, ganz erfahrener Camper, neben eine Säule mit Steckdose. Da es mittlerweile stockfinster ist, hätte ich sowieso nichts mehr von einer karibischen Aussicht. Außerdem scheine ich gerade in unserem Wohnmobil gebraucht zu werden. Hier ist ganz schnell was zu tun!

»Amore, ich brauche die Taschenlampe«, ruft mein

emsig ums Gefährt wuselnder Schatz. »Ich finde die Klappe für das Stromkabel nicht.«

»Aha, und wo bitte finde ich eine Taschenlampe?«, will ich wissen, während ich vorsichtig über die am Boden liegenden Plastiktüten steige, deren Inhalt sich während der Fahrt fröhlich im ganzen Innenraum verteilt hat. »Die muss irgendwo an der Wand hängen, in einer Halterung«, ruft er. Na, das ist doch mal eine präzise Ansage, denke ich mir, und wenn ich was sehen könnte, wäre das Problem sofort gelöst. Also spielen wir beide Blinde Kuh und klopfen, er außen die Kabelklappe suchend, ich drinnen die Taschenlampe, die Wände ab. Irgendwann rufen wir unisono »Ah, ich hab's gefunden«, und ich kann ihm triumphierend eine kleine Lampe geben, die allerdings über eine erstaunliche Leuchtkraft verfügt. Man sollte es nicht für möglich halten, kurz darauf erstrahlt, so weit es die Energiesparlämpchen zulassen, unser rollender Palast im Lichterschein.

Es sieht aus wie an einem neapolitanischen Straßenrand. Wasserflaschen, Plastikbesteck, Servietten, Plastikteller und Becher, Spaghetti, Tomatendosen, Gewürze, Olivenöl, Zahnpasta und vieles mehr stapeln sich neben weiteren Taschen mit Handtüchern und Bettzeug sowie Waschutensilien auf dem Boden. Nun bin ich aber doch sehr erstaunt, als Bruno mir erklärt, er hätte alles besorgen müssen, denn in dem Camper wäre nicht mal Bettzeug gewesen. Jetzt erkenne ich unsere heimischen Kopfkissen und Bettdecken und werde ganz milde angesichts des Stresses, den er gehabt haben muss, bevor er mich am Flughafen abgeholt hat. Mein Tatendrang hält sich reichlich in Grenzen, aber es hilft ja nichts. Bruno ist damit beschäftigt, den Wasseranschluss zu suchen, und erneut als Klopfer unterwegs. Also beschließe ich, uns häuslich einzurichten. Ich öffne erst mal die Hängeschränkchen, leere alle Tüten aus und verteile den Inhalt. Ganz verloren sehen unsere mitgebrachten Dinge aus, denn es gibt erstaunlich viel Platz. Hier wurde wirklich jeder Zentimeter des Innenraumes genutzt. Der Kleiderschrank, so klein er auch ist, verfügt sogar über eine schräge Ablage für die Schuhe. Für Pullover, Socken und Unterwäsche gibt's Fächer mit Klickverschluss, damit nichts rauspurzelt. Ich stopfe die wenigen Klamotten, die ich dabeihabe, in die Fächer, hänge mein kleines Sommerkleidchen, denn es ist ja noch schön warm, in den Schrank, darunter stelle ich die Sandalen. Meinen zusammengerollten Kaschmirstrickmantel für kühlere Campingnächte lege ich in eines der Hängeschränkchen. Während ich das Minibad begutachte und meine Zahnbürste und Cremetöpfchen verstaue, steigt Bruno voller Stolz ins Wohnmobil und verkündet in Erwartung eines Freudenschreies meinerseits: »Also wenn du jetzt Pipi machen möchtest, das Wasser läuft!« In der Tat, das möchte ich, und während ich in die Dusche steige, damit er mir die Spültechnik des Klos erklären kann, indem erst mal er pinkelt, denke ich mir, dass man schon ziemlich hartgesotten sein muss, um so eine Enge romantisch zu finden. Ich hatte ja schon zu Anfang erwähnt, dass ich mich geweigert habe, meine hausfraulichen Qualitäten hier unter Beweis zu stellen. Ich koche wirklich gerne, um nicht zu sagen leidenschaftlich. Für mich ist Kochen ein kreativer und künstlerischer Akt. Aber dazu benötige ich die passenden Utensilien, vor allem Gewürze, die mir erst während der Entstehungsphase meines Gerichts in den Sinn kommen, deshalb besitze ich sowohl in München wie auch in Rom ganze Batterien von Gewürzen aus aller Herren Länder. Ich sammle und mische Ingredienzen, aromatisiere Salz mit Ingwer, Zimt, Kräutern und Pulvern, mal herzhaft, mal scharf, mal verführerisch exotisch, je nachdem, welche Geschmacksrichtung ich Fleisch, Fisch oder Gemüse geben möchte. Außerdem habe ich stets verschiedene Fonds eingefroren. Mein nächster Tick ist Essig. Nicht nur dass ich eine leidenschaftliche Sammlerin bin, nein, noch verrückter, ich stelle ihn in jahrelanger Gärung selbst her. Rotweinessig, den ich mit Hilfe einer Essigmutter und einem uralten Tongefäß vor sich hin blubbern lasse. Der Topf, normalerweise hermetisch abgedichtet, wird nur geöffnet, um Rotweinreste hineinzuschütten. Dann darf alles weiter ruhen. Nach etwa vier Jahren Gärung reichere ich den sauren Rotwein mit einer Frucht an. Cranberries finde ich besonders gut. Es gäbe noch vieles dazu zu sagen, aber hier in diesem Camper, finde ich, hat meine Kochkunst nichts verloren. »Liebling, wo gehen wir denn heute Abend essen, hast du etwas Schönes und Romantisches im Visier?«, rufe ich dem Italiener an meiner Seite zu. »Du wirst staunen, *amore*, heute kocht der Chef persönlich!« Fast rutscht mir ein »O Gott!« heraus. Stattdessen frage ich scheinheilig, was er denn geplant hat? Es folgt ein längerer Bericht, ich könnte mich doch erinnern an dieses phantastische Wochenende, das er, leider natürlich mal wieder ohne mich!!!!!, in der Toskana mit Freunden auf einem Weingut, einem *agriturismo*, verbracht hat, bei der Weinlese hätte er dort geholfen, grins, grins, hahaha, er meint wohl eher, die Weinfässer zu leeren, na ja, wie auch immer! Jedenfalls hätten sie ihm einen ganzen Korb herrlichster Produkte geschenkt. Spaghetti, handgezogen, Tomatensugo aus eigener Herstellung, selbst der Parmesankäse wäre dort gereift. Olivenöl kalt gepresst aus handverlesenen Oliven ... heute würde ich nur noch schwelgen, das verspräche er mir hiermit. Falls mir jedoch langweilig werden sollte, dürfte ich gerne in der Zwischenzeit das Bett machen. Alles dafür wäre in den beiden Plastiktaschen in den Schubladen unter dem Bett. Meinen Einwand, dass ich ihm doch sicherlich mit dem Herumkramen beim Kochen im Weg stehe, schiebt Bruno geflissentlich beiseite. »Nein, Liebling, du bist mir doch nie im Weg.« Bevor ich mich dazu hinreißen lasse, doch zu kochen, baue ich unser Nachtlager. Bruno hat unsere kitschige Engelbettwäsche mitgenommen, irgendwie goldig, finde ich. Ich beziehe die Bettdecken und Kopfkissen, suche das Bettlaken, aber finde es nicht. Tja, das hat er wohl vergessen. »Wo sind denn die Sheets«, frage ich ihn. »Na, da sind sie doch«, antwortet er. »Nein, die Sheets, nicht den Bettbezug!« Himmel noch mal, was heißt denn Bettlaken auf Italienisch? »Na die Sheets halt zum Drauflegen, *capisci*?«

Endlich versteht er, während er Öl in die Pfanne gießt.

»Also wenn die nicht in der Tasche sind, dann sind sie wahrscheinlich zu Hause«, meint er und widmet sich einer Knolle Knoblauch.

Da Bruno nachts immer in großer Sorge ist, dass er an meiner Seite erfrieren könnte, weil ich mit offenem Fenster schlafe, hat er vorsorglich eine Wolldecke mitgenommen. Zum ersten Mal zeige ich ihm nicht den Vogel, sondern bin ihm geradezu dankbar. Auch wenn die Wolle vielleicht ein bisschen kratzt, immerhin haben wir jetzt so etwas wie ein Laken und müssen nicht auf dem von weiß ich wem eingeweihten Matratzenüberzug aus Plastikstoff schlafen. Allein die Vorstellung hätte mich schlaflos gemacht. Da bin ich, wie schon gesagt, Prinzessin.

Mittlerweile brutzelt es in der Pfanne. Ein Topf mit kaltem Wasser versucht irgendwann das Stadium des Kochens zu erreichen. Bruno kruschtelt in noch nicht vollständig geleerten Plastiktüten und sucht das »CHUCKCHUCK«. Damit bezeichnet er alles, was er nicht genau benennen kann, und ich kapiere nach einer Weile, dass er den Büchsenöffner für den Tomatensugo sucht. Halleluja, wie viel Knoblauch hat er denn in die Pfanne getan? Bevor der auch noch zu Kohle wird, schiebe ich alles zur Seite. Da mich ein nervöser Blick von der Seite trifft, verlasse ich lieber unsere Gourmetküche und gehe eine Runde spazieren.

In den Wohnwägen und Zelten, die verstreut im Gelände liegen, sieht man Lichter. Irgendwie würde ich gerne heimlich hineinschauen, um zu sehen, wie die Menschen dort leben, wie sie aussehen und ob sie zufrieden sind. Eigentlich hat das Ganze schon eine gewisse Romantik, das kann ich gar nicht leugnen. Ich ertappe mich dabei, mich ein Stückchen dazugehörig zu fühlen. Erschrocken trete ich den Heimweg an.

Schon von weitem ist es unüberriechbar, wo gekocht wird. Die Türe unseres Wohnmobils steht weit offen, und es qualmt heraus. Ein Feuer? Der Koch jedoch scheint bester Laune zu sein und pfeift einen schmalzigen italienischen Schlager. Eine Weile sehe ich dem Schauspiel zu. Vielleicht hab ich meinen Schatz immer unterschätzt, und in ihm schlummern Talente, die nur entdeckt werden müssen, schießt es mir durch den Kopf. Während ich noch darüber nachdenke, ob ich den Fehler gemacht habe, ihm immer so viel abzunehmen, ruft Bruno aus der Türe: »*Pronto il cena, vieni subito*!!!!!!«

Das lass ich mir nicht zweimal sagen!

Er hat sogar den kleinen Tisch gedeckt. Behelfsmäßig, nicht gerade hübsch, aber immerhin mit Tellern, Gabeln, Servietten und Gläsern, alles aus Plastik natürlich. Den Fahrersitz umzudrehen, hat er nicht geschafft, wir quetschen uns auf das Bänkchen gegenüber. Rotwein gibt es, und ich stelle fest, dass wir einen sehr guten Biowein geschenkt bekommen haben. Jetzt noch leckere Nudeln, und die Welt ist in Ordnung!

Nach der ersten Gabel bin ich in der Tat erstaunt, was Bruno zuwege gebracht hat. Zugegeben, ein bisschen zu viel Olivenöl und auch zu viel Knoblauch, aber der erste Eindruck könnte schlechter sein. Etwas scharf ist es halt. In Bayern sagt man, a Guada hoit's aus, da Hunga treibt's nei, und in diesem Sinne vertilge ich den Spaghettiberg auf meinem Teller.

Ich hab es ja wirklich gerne scharf, aber die Nudeln hatten es in sich. Es ist mir jedoch ein absolutes Rätsel, wieso Bruno überhaupt Knoblauch verwendet hat. Er hasst Knoblauch! Seit ich das weiß, verwende ich beim Kochen nur noch ganz wenig, wenn es bei einem Gericht unbedingt dazugehört, und dann ausschließlich jungen frischen Knoblauch ohne grünen Kern. Der liegt einem nicht im Magen, und man stinkt auch nicht.

Heute jedoch meldet sich das erste Bäuerchen schon nach wenigen Minuten, und ich muss sagen, dass ich das nicht gerade sexy finde. Ich schlage Bruno einen Abendspaziergang vor. Wie schön, wir werfen einfach die Reste, das Geschirr, Teller und Servietten in einen Müllbeutel und ab damit in einen Container.

Knoblauch in diesen Mengen vermiest einem die ganze Nacht. Ich komme mir vor wie der Wolf von den sieben Geißlein, dem sie Wackersteine in den Bauch genäht haben. Wir wälzen uns auf der kratzigen Unterlage hin und her. Irgendwann mitten in der Nacht muss ich Wasser trinken, weil ich das Gefühl habe zu verdursten. Aber wo hat Bruno das Wasser versteckt? Es bleibt mir nichts anderes übrig, als über ihn zu klettern, in der Hoffnung, dass er nicht aufwacht, falls er doch schlafen sollte. Er wacht jedoch auf, und so entsteht eine Diskussion darüber, warum unbedingt so viel Knoblauch in dem Essen sein musste und dass es wirklich blödsinnig ist, in dem Wohnmobil zu kochen, denn der Gestank wird uns die nächsten Tage noch begleiten. Bevor aus der Motzerei ein Streit wird, reicht mir Bruno die Wasserflasche, die er in weiser Voraussicht neben sich ans Bett gestellt hat, und sagt: »Ich hab es aus Liebe getan, für dich, weil du doch Knoblauch so liebst.«
Dem ist nichts hinzuzufügen.

1. TAG

Das Abenteuer ruft!
Bruno

Hurra! Ich habe bei einer Tombola eine Woche Urlaub im Wohnmobil gewonnen! Gibt es eine bessere Gelegenheit, Jutta einen Teil meines wunderbaren Süditaliens zu zeigen?

Im Italienischen haben wir kein Wort für *Camper*, das wohl von dem englischen Verb *to camp*, also campen kommt. Manche Italiener verwenden auch das Wort *Roulotte*, man könnte meinen, das käme aus dem Französischen, aber fast alle Franzosen, die ich darauf angesprochen habe, wissen nicht, wovon ich rede, bei ihnen heißt das *Caravane*. Tatsächlich kommt *Roulotte* aus dem kanadischen Sprachraum und bedeutet ungefähr Anhänger »mit Fenstern«, der von einem normalen PKW gezogen wird, ein Wohnwagen also. Nun, was ich gewonnen habe, sieht mehr aus wie ein Lieferwagen mit Fahrerkabine. In Deutschland sagt man *Wohnmobil* dazu, allerdings steht auf meiner Gewinnbestätigung RV, eine Abkürzung für *Recreation Vehicle*. Diese Vielfalt an Bezeichnungen bringt mich etwas durcheinander – wie soll ich denn jetzt zu dem Fahrzeug sagen? Um es kurz zu machen, von nun an werde ich es schlicht und einfach Camper nennen, wie die Engländer.

Der Vertragshändler meinte, ich sollte beim Abholen 45 Minuten für eine Einführung einplanen, da ich so ein Fahrzeug noch nie zuvor gefahren habe. Als Erstes beruhigt mich der Mann. Tatsächlich sei so ein Camper gar nicht so schwer zu fahren, wie es auf den ersten Blick aussieht, alles funktioniert fast genau so wie in einem normalen Auto. Der Händler hat mir ein halbintegriertes Modell übergeben, das nicht ganz so hoch ist und keinen Alkoven über dem Fahrerhaus hat. Trotzdem ermahnt er mich, immer sehr vorsichtig zu fahren. Denn mindestens genauso häufig wie Dellen in der Seite oder im Heck sind Unfälle, bei denen man mit dem Dach irgendwo entlangschrammt, schließlich denkt man normalerweise nicht daran, auch auf die Höhe des Fahrzeugs zu achten. Besonders aufpassen soll ich bei Unterführungen, Brücken und tiefhängenden Ästen ebenso wie bei Rissen in der Straße und Schlaglöchern.

Während wir um den Camper herumgehen, gibt mir der Händler gleich noch ein paar Tipps gegen Einbruch und Diebstahl:
1.) Obwohl das statistisch gesehen gar nicht so häufig vorkommt, sollte man immer auf der Hut sein. Wenn man zum Beispiel den Camper irgendwo für die Nacht abstellt, sollte man besser stets die Vorhänge schließen, dann kann ein potentieller Dieb nicht erkennen, wie viele Personen im Wagen sind und was es dort zu holen gibt. Okay ... das versteht sich von selbst!
2.) Landkarten auf dem Armaturenbrett, runde Abdrücke an der Windschutzscheibe von den Saugnäpfen eines Navis – deshalb habe ich auch keinen –, Mobiltelefone, Kameras, Brillen und

Schlüssel, die irgendwo herumliegen, sind ebenfalls eine Einladung für Diebe. Das ist schon eher interessant!
3.) Ein Dieb versucht immer, von der am wenigsten einsehbaren Stelle einzubrechen, also sollte man sich von Hecken, Bäumen, Mauern fernhalten, die eine gute Deckung bieten könnten.
4.) Wertgegenstände sollte man am besten so verstecken, dass man sie nicht so leicht findet; allerdings sollte man immer im Hinterkopf behalten, dass manchmal die offensichtlichsten Plätze die besten Verstecke sind, da ein Dieb sie überhaupt nicht in Betracht zieht.

»Ich gebe Ihnen ein Beispiel ... Wenn Ihre Frau Ohrringe offen in der Küche herumliegen lässt, vielleicht in einem Plastikbecher, dann können Sie ganz beruhigt sein, denn dort vermutet sie keiner. Der Dieb wird sich eher an Ihr Handy halten, das Sie unter die Matratze geschoben haben.«

»Na, das wollen wir doch nicht hoffen!«

»Dann folgen Sie meinem Rat, und stecken Sie das Handy ebenfalls in einen Plastikbecher.«

»Das mache ich bestimmt.«

»Und Vorsicht vor Fremden, die Sie fragen, ob Sie sie ein Stück mitnehmen können ... Aber jetzt kommen Sie mal mit, gehen wir an Bord, damit ich Ihnen zeigen kann, wie die Stromversorgung funktioniert.«

Nun beginnt eine Litanei über die Stromversorgung, die einen eingebauten Spannungswandler hat, ein anscheinend ziemlich nützliches Gerät, weil es 12 Volt Gleichspannung in 220 Volt Wechselspannung umwandelt, mit der alle Lampen und Geräte wie Kühlschrank, Heizung, Wasserpumpe, Klimaanlage etc. betrieben werden. Im Klartext: Damit kann ich mein Ladegerät fürs Handy benutzen. Perfekt! Über der Tür ist ein Bedienfeld mit verschiedenen Signallämpchen und Schaltern angebracht. Hier lassen sich Wasserpumpe und Kühlschrank ausschalten ebenso wie der Hauptschalter für die ganze Beleuchtung, die Leuchtanzeigen links geben an, wie voll die Batterien und die diversen Tanks sind.

»Und passen Sie auf ... Bei der Wasserpumpe könnte es zu Funktionsstörungen kommen. Sollte beispielsweise genau in dem Moment, in dem man den Wasserhahn zudreht, eine Luftblase entstehen, kann die Pumpe keinen Druck aufbauen, sie schaltet sich überhaupt nicht mehr ab und läuft stundenlang weiter, bis sie schließlich kaputtgeht.«

»Kommt das oft vor?«

»Nein, wenn Sie mit einem fast leeren Tank unterwegs sind, dann kann so etwas vorkommen! Normalerweise hört man am Geräusch, dass sich die Pumpe nicht abschaltet, aber vorsichtshalber sollte man den Schalter über Nacht und jedes Mal, wenn man den Camper für längere Zeit verlässt, ausmachen. Alles klar?«

Allmählich weiß ich nicht mehr, wie ich mir das alles merken soll, nicke aber tapfer.

Dann bittet mich der Händler, mir die Wasserver- und -entsorgung ganz genau anzusehen. Es gibt drei verschiedene Kreisläufe: einen für Frischwasser oder auch Trinkwasser, einen für sogenanntes Grauwasser, das aus dem Abfluss der Spüle, Waschbecken und Dusche kommt, und einen für das Schwarzwasser oder

Schmutzwasser aus dem WC-Tank. Am umweltschädlichsten ist natürlich das Grauwasser, denn das enthält Spülmittel und Ähnliches, daher darf man es bloß an entsprechenden Sammelstellen entsorgen.

»Alles klar?«

Ich folge weiterhin den Ausführungen des Mannes und schreibe ab und zu etwas in mein Notizbuch. Seine Stimme klingt immer gleichförmiger, doch plötzlich tut er ganz mysteriös, als müsste er mir ein großes Geheimnis anvertrauen.

»Kommen Sie ... Gehen wir wieder nach draußen, ich muss Ihnen noch etwas zeigen.«

Er geht zu einer Klappe unter einem Fenster und zieht dort ganz vorsichtig – als handelte es sich um einen Reliquienschrein – einen hellblauen Kasten hervor. Geradezu begeistert und mit ausholenden Bewegungen erklärt er mir nun, dass es sich um ein »höchstwichtiges« Thema handelt, das »erschöpfend« behandelt werden müsse. Und wirklich, wenn ich auf dieser Reise eins gelernt habe, was mir auf ewig im Gedächtnis bleiben wird, dann ist es diese Lektion über das mobile Chemieklo, der ich nun geduldig lausche. Dieses Modell, dessen Fassungsvermögen der Vertragshändler gerade in den höchsten Tönen lobt, müsste ich nur alle drei bis vier Tage leeren. Mahnend, es klingt schon fast wie eine unterschwellige Drohung – dabei betont er jede Silbe –, meint er: »Denken Sie immer daran, dass dieses WC direkt über dem Abwassertank angebracht ist, jedes Mal, wenn Sie also den Toilettensitz hochklappen, öffnen Sie quasi den Tank. Es versteht sich von selbst, dass nach ein paar Tagen kein Sanitärzusatz der Welt al-les zer-set-zen kann. Ist-das-klar?«

»Ich werde den Deckel so selten wie möglich hochklappen ...«

»Machen Sie das auch dem Rest Ihrer Crew klar. Das-ist-sehr-wich-tig!«

»Ganz bestimmt. Aber gibt es denn keine fest eingebauten Tanks?«

»Doch selbstverständlich. Aber bei denen müssten Sie den Camper stets direkt an der Entsorgungsstation parken. Das geht vielleicht gut, solange Sie jeden Tag woanders sind, doch sobald Sie irgendwo etwas länger bleiben wollen, könnte es schwierig werden. Nein, nein, glauben Sie mir, der mobile Tank ist die beste Lösung, sehr bequem und sehr praktisch. Kommen Sie, versuchen Sie es einmal selbst. Sie können ihn entleeren, wo Sie wollen, verstehen Sie? Sogar in jede Toilette, falls Sie keine Entsorgungsstation finden.«

»Ja, wirklich sehr praktisch.«

»Und außerdem können Sie diesen viel besser und gründlicher reinigen, bei den fest eingebauten Tanks ist das deutlich schwieriger. Und sehen Sie diesen drehbaren Sammelbehälter mit Verschluss? Damit kann man auch den Sanitärzusatz dosieren. Ach ja, geben Sie bitte das Mittel nicht direkt ins WC, denn auf Dauer kann man damit die Dichtung ruinieren. Ist-das-klar?«

»Glasklar!«

»Reisen Sie mit der Familie?«

»Nur mit meiner Lebensgefährtin ...«

»Entschuldigung, ich wollte nicht indiskret sein ...«

»Kein Problem.«

»Es versteht sich wohl von selbst, dass das Entleeren des WC-Tanks eine Männeraufgabe ist. Der Engel des

Campers sollte sich seine zarten Flügelchen nicht mit solchen Dingen beschmutzen ...«

Und dann lacht er schallend los, als hätte er gerade einen irrsinnig komischen Witz gemacht.

So ein Idiot, denke ich. Jetzt geht er zur Fahrerseite, öffnet die Klappe und stellt den Tank auf den Sitz.

»Ich stelle ihn mal hier drauf, dann können Sie das kleine Entlüftungsventil besser sehen. Hier, schauen Sie, das dient zum einen der Luftzufuhr, zum anderen vermeidet man so, dass es beim Entleeren spritzt. Das hier ist der Schieber. Mein Tipp: Spülen Sie immer mit reichlich Wasser nach, aber erst und nur, nachdem Sie etwas chemischen Zusatz hineingegeben haben. Ach, das habe ich ja ganz vergessen ... die Flüssigkeit finden Sie in dem Badezimmerschränkchen.«

»Und wie oft sollte ich den benutzen?«

»Na ja; nach dem Entleeren geben Sie immer ein wenig zu. Im Wasser bilden sich schnell unangenehme Gase. Dann riecht es bald nach faulen Eiern ...«

Bei den faulen Eiern habe ich endgültig genug, und ich unterbreche ihn. Allerdings auch, weil irgendetwas meine Beine festhält: Ich schaue nach unten und sehe, dass sich ein Kleinkind daran klammert. Nicht weil es spielen möchte, es ist vielmehr eine liebevolle Umarmung. Auch seinen Kopf schmiegt es an meine Beine. Während ich das Kind ansehe, versuche ich, meinen Zügen einen äußerst vertrauenswürdigen Ausdruck zu verleihen, damit das Kleine, wenn es aufblickt und plötzlich feststellt, dass ich ein völlig Fremder bin, sich nicht erschreckt. Und das will ich ja nicht, es ist doch noch ein kleines Kind und hat mich so herzlich umarmt. Es täte mir sehr leid, wenn es zum Dank dafür noch einen Riesenschrecken davontragen würde. Dann schaut das Kind auf und blickt mir in die Augen. Und nun passiert etwas Außergewöhnliches: Es strahlt mich an, seine Eltern neben ihm lächeln ebenfalls, sie allerdings eher verlegen, und mir wird auf einmal klar, dass das Kind mich gar nicht mit jemandem verwechselt hat, sondern wirklich mich umarmen wollte. Dann fragt es mich mit seiner leisen, hellen Stimme:

»Magst du den Camper?«

»Ja, sehr sogar.«

Gedanke des Tages: Es kommt immer seltener vor, dass dich ein Fremder einfach mal umarmt. Das wird einem wie so vieles als Erwachsener ausgetrieben, weil es sich angeblich nicht gehört, aber ein Kind hat das noch nicht verinnerlicht, und deswegen macht es das einfach. Und mich hat gerade ein Kind umarmt. Was für eine schöne Überraschung!

Schließlich überreicht mir der Vertragshändler die Schlüssel und erklärt mir noch kurz die Küche. Jetzt kann es losgehen. In acht Tagen soll ich den Wagen wieder zurückbringen. Ich setze mich hinters Steuer. Ehe ich den Motor anlasse, mache ich mich mit dem Fahrzeug vertraut und denke dabei, dass Jutta den Camper bestimmt mögen wird. Ich gehe noch einmal in Gedanken alles durch, ja, ich habe an alles gedacht.

O NEIN, VERFLUCHTER MIST! Ich habe die Bettwäsche und eine Decke vergessen!!! Das hätte es jetzt wirklich nicht gebraucht. Jetzt muss ich noch einmal durch die ganze Stadt zurück nach Hause. Gut, ich bin sogar immer noch etwas zu früh dran, aber ich will nicht erst im letzten Moment am Flughafen ankommen. Im Zentrum sind viele Straßen nur noch eingeschränkt nutzbar, so dass ich etliche Umwege fahren muss. In Rom muss man sich nämlich stets mit Geduld wappnen und auf unsere ehemalige Staatsgöttin Fortuna vertrauen, ehe man sich in den Verkehr stürzt.

Vor mir ist plötzlich eine Straßensperre mit zwei Polizisten. Verflucht, die haben mir gerade noch gefehlt! Ich werde langsamer. Der mit der Kelle winkt mich raus. Es ist gar nicht so leicht, dieses spontane Angstgefühl zu unterdrücken, dass irgendetwas doch nicht in Ordnung sein könnte. Da nähert er sich meinem Fenster:

»Führerschein und Zulassungsbescheinigung bitte!«

Ach ja, die Zulassungsbescheinigung. Wo wird die wohl sein? Das hat mir der Toilettenfachmann vorhin leider nicht verraten. In der Beifahrertür finde ich bloß die Bedienungsanleitung.

»Das ist schon mal mein Führerschein. Die Zulassungsbescheinigung muss hier irgendwo sein, ich schau mal unter dem Armaturenbrett nach. Wissen Sie, das hier ist nicht mein Camper, ich habe ihn gerade erst beim Vertragshändler abgeholt.«

»Und der Kackstuhl – was macht der denn hier?«

»Wie bitte?! Ach so, der. Jaja, Sie müssen entschuldigen, in der Eile habe ich ganz vergessen, den wieder an seinen Platz zu räumen … ich habe gerade erfahren, wie man dieses Teil benutzt. Das mache ich sofort. Und hier ist auch die Zulassungsbescheinigung, ich habe sie gefunden!«

»Machen Sie das mal bitte auf.«

»Ja sofort, es ist natürlich leer.«

»Ich muss den Fall aufnehmen.«

Der Mann ist unsympathisch und griesgrämig, er will mir nicht nur eine Strafe verpassen, sondern mich auch ganz bewusst aufhalten, bestimmt hat er gemerkt, dass ich es eilig habe. Neben mir steht ein Ferrari, der Fahrer wartet darauf, dass er von dem anderen Carabiniere seine Papiere zurückbekommt. Das dauert, und der Kerl hinterm Steuer wird allmählich ungeduldig. Er steigt aus und kommt flott auf mich zu. Ein typischer Römer, mit halbseidenem Rowdycharme und rasiertem Schädel. Er scheint ein Gespräch anfangen zu wollen, um die Wartezeit zu überbrücken.

»*Ciao bello* … mit den Carabinieri ist es doch ewig dasselbe, immer muss man warten. Wenn die uns rauswinken, könnten wir genauso aufs Gas treten. So tun, als hätten wir sie nicht gesehen, aber es ist trotzdem besser, anzuhalten, sonst schmeißen die ihre Vier-Scheinwerfer-Weihnachtsbaumbeleuchtung an, wenn sie mal den Knopf dafür finden, und dann verfolgen die uns wie bei *Starsky & Hutch*. Hast du ihnen nur deine Papiere gegeben?«

»Ja, warum?«

»Och, gar nichts, ich habe bloß gesehen, dass sie dich festhalten, aber die filzen deinen Camper ja nicht … Also, bleib ruhig. Du bist ja schließlich kein Autoknacker, oder? Obwohl, wenn man sich's recht besieht, ein bisschen verdächtig siehst du schon aus, hahaha.«

Schon wieder einer, der über seine Witze selbst am lautesten lacht.

»Hör mal …«

»Jetzt hast du Schiss bekommen, oder? Also hast du wirklich was ausgefressen! Am besten machst du es so wie ich, wenn man dich was fragt, dann denk dir was aus. Sag ihnen, dass du irgendeine Arbeit hast, schließlich ist das kein Verhör. Den Eigentümer des Campers kriegen sie sowieso über Funk raus, da sagst du ihnen besser gleich von Anfang an, dass es nicht deiner ist. Sag einfach: ›Also wissen Sie, ich habe gar kein Auto ...‹«

»Aber ich habe doch ein Auto!«

»Schon gut ... du sagst denen also, dass du das nicht benutzt, weil deine Batterie kaputt ist und du im Moment kein Geld für eine neue hast ... und dir deswegen den Camper ausgeliehen hast.«

»Ich habe diesen Camper hier in einer Tombola gewonnen, und es ist alles vollkommen in Ordnung!«

»Jaja, schon gut, und ich habe den Ferrari geschenkt gekriegt.«

Der Kerl wirkt wie aus einem Krimi der Siebzigerjahre des letzten Jahrtausends. Wie ein echter Vorstadtganove. Auf jeden Fall wie jemand, dem man auf keinen Fall widersprechen sollte. Es ist schon halb zehn, in einer halben Stunde landet Jutta, und ich muss noch die Bettwäsche und die Decke holen. Mein Carabiniere sitzt immer noch in seinem Wagen, um die Daten über Funk zu checken. Und ist schrecklich langsam.

Da meldet sich der Ferrarifahrer wieder.

»Soll ich dir einen Witz erzählen? Schließlich müssen wir noch warten. Du weißt ja, was man hier in Rom sagt, oder? *C'hai prescia? Mettete a sede! Nur nichts überstürzen!* Hahaha ... Kennst du den mit der Telefonzelle? Ach, den kennst du schon? ... Dann den hier: Ein Carabiniere bittet seinen Kollegen: ›Schau doch mal nach, ob der Blinker funktioniert, und sag mir Bescheid.‹ Der Kollege steigt also aus und schaut sich den Blinker an: ›Jetzt funktioniert er, jetzt nicht, jetzt wie-

41

der, jetzt wieder nicht‹ ... hahaha ... Ach *bello*. Du gehst zum Lachen wohl in den Keller, mir kannst du nichts vormachen.«

Ehrlich gesagt fand ich den Witz gar nicht so übel. Doch da kommt mein Carabiniere zurück, und seine Miene ist noch finsterer als vorher.

»Hier sind Ihre Papiere. Das macht 180 wegen Geschwindigkeitsüberschreitung ... Sie sind mit mehr als 80 km/h im Stadtgebiet gefahren ... Allerdings habe ich Ihren Punktestand überprüft, da ist wohl alles in Ordnung, daher werde ich Ihnen keinen weiteren abziehen ... Beim nächsten Mal beachten Sie gefälligst die Schilder und fahren Sie langsamer.«

Endlich bin ich bei mir zu Hause angekommen. Zehn vor zehn, Juttas Flugzeug landet in zehn Minuten in Fiumicino. Ich schnappe mir die Tasche mit der Bettwäsche und der Decke, die ich auf dem Regal in der Garage vergessen hatte, als ich mein Gepäck ins Auto geladen habe. Das geht alles blitzschnell, ich schließe das Tor mit der Fernbedienung, und schon bin ich wieder unterwegs. Auf den Straßen ist inzwischen mehr Verkehr als vorhin. Das liegt an den vielen gesperrten Straßen. Ach ja, jetzt fällt es mir ein. Heute ist ja die »Notte bianca«, die »weiße Nacht«, »die Nacht der Außerirdischen«, wie ich sie nenne. Die Vorbereitungen sind in vollem Gange. An diesem Tag beziehungsweise in dieser Nacht bietet die Stadt überall Kulturveranstaltungen an, über hundert Events bis zum Morgengrauen. Hier in Rom läuft das so ab: Unmittelbar nach Büroschluss setzt sich alles in Bewegung. Alle verlassen ihre Autos oder die Busse. Und verstopfen die Straßen. An der Kreuzung, an der ich gerade stehe, sind trotz der relativ frühen Stunde schon zwei Seiltänzer aktiv. Drei unendlich lange, dafür aber auch wirklich spektakuläre Minuten, denn in dieser Zeit steigen ein Mann und eine Frau auf ein über die Straße gespanntes Drahtseil. Sie schwingen hin und her, dass sie fast zu fliegen scheinen, sie strecken sich, beugen sich und zeichnen merkwürdige Figuren in die Luft. Sie machen Handstand auf dem Seil und recken die Füße dem Himmel entgegen. Ein Mädchen auf einem Mofa neben mir verfolgt das Geschehen gebannt und ängstlich, sie hat sich beide Hände vor den Mund geschlagen ... Vielleicht befürchtet sie ja, dass die beiden gleich herunterfallen. Dann wird es grün, und wir brausen davon ... Im Rückspiegel beobachte ich, wie die beiden an den Ampeln herunterklettern und sich wieder in ihre Ausgangspostion begeben, bereit für die nächste Darbietung. Da klingelt mein Mobiltelefon:

»Wo zum Henker steckst du? ... Ich warte schon über eine Viertelstunde auf dich!«

Laut der Fachzeitschrift für Campingfreunde, die ich vor Reisebeginn aufmerksam studiert habe, gibt es an der Küste vor den pontinischen Inseln zwei Campingplätze, wo wir unsere erste Nacht verbringen könnten, beide in Sperlonga und unter den Top Ten von ganz Latium.

Zunächst fahren wir Richtung Neapel-Salerno. Unterwegs kommen wir an zahlreichen kleinen Buden vorbei, die hier schon »Mozzarella di Bufala Campana DOC«, originalen Büffelmozzarella, aus Kampanien anpreisen. Die Wirkung, die das Wort »Mozzarella« auf Jutta ausübt, ist unbeschreiblich. Beruhigend wie Yoga,

Ayurveda und Zen auf einmal, wie sie selbst sagt. Sie ist ganz hin und weg von der Idee, kurz anzuhalten und einen Mozzarella zu essen, und auch ich liebe diesen unverwechselbaren Geschmack.

»Siehst du, Schatz, ein normaler Tourist ist immer gestresst, weil er irgendwo rechtzeitig ankommen muss. Ein echter Camper dagegen kann darüber nur lächeln und schert sich einen Teufel um Ankunftszeiten und Umwege. Lass uns unseren Urlaub genussvoll beginnen! Bei einem echten Büffelmozzarella sollte man niemals nein sagen;-))))«

»Ganz genau!«

Schon als kleiner Junge habe ich von der sagenhaften Aversana gehört. Wenn mein Vater von seinen Geschäftsreisen im Süden Italiens zurückkehrte, hatte er immer einen Styroporbehälter mit Tütchen voller Mozzarella dabei. Das war bei uns zu Hause immer ein großes Fest. Auch heute brauchen Sie nur irgendeinen Passanten zu fragen und er wird bestätigen, dass der Mozzarella von Aversa nicht nur der beste der Gegend, sondern von ganz Kampanien ist. Ich bin ganz scharf auf eine Sorte, die *burrata* genannt wird, aber die beste Sorte ist mit Abstand die *bufala*.

Goethes Beschreibung in seiner Italienreise, wie er »den nilpferdischen Büffeln in die blutroten wilden Augen« sah, juckt den Verkäufer kaum, der gerade einer Gruppe chinesischer Touristen seine handgemachten Mozzarellas anpreist. Im Hintergrund ist eine neapolitanische Tarantella zu hören. Als die kleinen Käse schön angerichtet auf Plastiktellern vor unseren Augen vorüberziehen, fallen Jutta und ich vor Entzücken fast in Ohnmacht. Weich und zart liegen sie da. Jutta schnappt sich einen Mozzarella mit der Hand, und ehe sie ihre Zähne in die weiche Masse versenkt, schließt sie vor Verzückung die Augen.

Die Chinesen schauen zuerst etwas verwundert drein, dann lachen sie und geben dazu merkwürdige Töne von sich: »Hahaha ... hehehe.«

Sie setzen sich an den einzig freien Tisch neben uns und beginnen ebenfalls mit Genuss zu essen. Auf und ab gehen ihre Köpfe wie bei Spechten, dazu stöhnen sie ständig vor Genuss. Auch die Kleinsten quietschen vor Freude, so dass sich eine der Mütter sogar genötigt sieht, einem der Kinder den Mund zuzuhalten und die übrigen zu ermahnen, sich zu benehmen, außerdem sollen sie die Lautstärke eines (selbstverständlich chinesischen) Schlagers drosseln, der aus ihren Kopfhörern dröhnt.

Jutta hat inzwischen bereits ihren zweiten Mozzarella mit einer unglaublichen Gier verputzt. Wenn man ihr dabei zusieht, kann man viel über ihre Persönlichkeit und ihren momentanen Gemütszustand erfahren. Sie ist so vielseitig und unbeständig wie alle im Sternzeichen Widder Geborenen, sie geht die Dinge gern spontan an und schert sich keinen Deut um Konventionen. Es ist schwer, ihren Wünschen nicht nachzukommen. Bei mir ist das schon fast zur Gewohnheit geworden, wie ein Chamäleon passe ich mich ihren Launen an. Aber ich kann immer wieder beobachten, dass ich damit nicht allein bin. Und was macht sie, wenn sie so aufgekratzt ist wie gerade? Sie fordert alle dazu auf, Tarantella zu tanzen. Kaum jemand kann sich dem entziehen, selbst wenn er Chinese ist. Was für eine große Show, die alle mitreißt! Zuerst hält sie eine Lobrede auf den Mozzarella, wobei sie sich nicht so sehr mit dem Käse an sich beschäftigt, sondern mit seiner Wirkung. Also ich glaube, die Chinesen haben kein Wort verstanden. Dann steht Jutta auf und tanzt zu der im Hintergrund zu hörenden Tarantella, aber Achtung: dazu singt sie den Text des chinesischen Schlagers aus dem iPod:

»yè
tài
màn cháng
níng jié
chéng
le
shu ng
shì
shuí
zài
gé lóu
shàng
b ng l ng
de
jué wàng.«

Diese Frau schafft es doch immer wieder, mich zu verblüffen!

Zwischen zwei Mozzarelle tanzen wir unbeholfen und treten uns gegenseitig auf die Füße, doch wir hören nicht auf. Allmählich macht sich jedoch der Käse bemerkbar, nach dem sechsten Mozzarella fühle ich mich so pappsatt wie nach einem vielgängigen Hochzeitsmahl. Doch mir bleibt nichts anderes übrig, als mir die Rechnung zu schnappen, mich von der fröhlichen

Runde zu verabschieden und mich mit Jutta auf den Weg zu machen. Als wir wieder in unseren Camper klettern, beschließe ich, ab sofort Veganer zu werden.

Wir machen uns auf den Weg zum Campingplatz. Vor uns liegen noch einige Kilometer, denn wir wollen ans Meer. Dort habe ich auf einem schicken Campingplatz für die Nacht reserviert. Als wir dort ankommen, entdecke ich noch einen Platz gleich daneben. Bis heute hatte ich ja gedacht, dass alle Campingplätze gleich sind (oder sich höchstens durch ihre Größe unterscheiden) und dass das Absicht wäre. Aber ich habe mich geirrt. Auch für Campingplätze gibt es Sterne, und dieser hier – immer nach Angaben der Fachzeitschrift – hat sogar fünf! Das ist schon Hotelklasse. Neben einem großen Pinienwäldchen und einem eigenen Strand gibt es einen Wasserpark mit warmen Hydromassagen, einen Fitnessbereich, Tennis-, Fußball- und Basketballplätze und perfekt organisierte Animation sowohl auf dem Campingplatz wie am Strand. Das ist unserer! Erfreut steige ich aus. Doch da ist niemand! Nach einigem Hin und Her kommen wir zu dem Schluss, dass es bei der Reservierung ein Missverständnis gegeben haben muss, zu dumm! Zum Glück ist der andere Platz noch geöffnet.

Der Campingplatz Tahiti ist eine Naturoase mit großen, schattigen Plätzen vor den Bungalows, wo man unter dem Sternenhimmel schlafen kann. Allerdings entdecke ich sofort etwas, was ihn mir auf Anhieb verleidet: Mücken! Am liebsten möchte ich sofort verschwinden und einen anderen Campingplatz suchen, aber Jutta sagt, dass sie den Kontakt zur Natur will (als ob ich mich nur in der Umgebung von Müllverbrennungsanlagen wohl fühlen würde). Sie meint, dass ein echter Camper unbedingt an einem solchen Ort übernachten müsste, trotz der Mücken!! Schon ist mir eine ins Auge geflogen und ich laufe fast gegen ein Tor. Außerdem gibt es hier Ameisen. Ich hasse sie!! Nachdem wir an der Rezeption eingecheckt haben, fahren wir mit unserem Camper direkt an den Strand, und ich stelle ihn unter einer Palme ab. Kaum habe ich die Fahrertür geöffnet, sind die Mistviecher auch schon da, blitzschnell klettern um die hundert (ohne Übertreibung!) an meinen Knöcheln hoch ... es kribbelt und krabbelt, und einige von ihnen beißen mich.

»Das fängt ja gut an! ... Bitte, können wir hier weg?«

»Ach, jetzt hab dich nicht so wie immer ... genieß die Natur, lausche dem Rauschen der Wellen, entspann dich, lass dich fallen ... anstatt dich über so ein paar mickrige Ameisen aufzuregen. Wo essen wir eigentlich heute Abend?« Großzügig erkläre ich, dass ich das Kochen übernehmen werde. Ich guck gleich mal, was ich in unserem Fresskorb finde. Gesagt, getan, fünf Minuten später stehe ich am Herd. Da es im Camper schon etwas frisch ist, ich die Heizung aber noch nicht einschalten möchte, setze ich nur wenig Wasser auf und nehme die Sorte Nudeln, die schnell gar sind, damit sich kein Kondenswasser an den Scheiben bildet. Ich erhitze schon mal ein bisschen Öl für das Tomatensugo und gebe den Knoblauch hinein (den ich gar nicht mag, aber was tut man nicht alles aus Liebe?), bevor ich später die übrigen Zutaten hinzufüge. Jutta, die gerade die Betten macht, meint, dass es ein wenig nach Gas riecht. Um sie zu beruhigen, gehe ich nach draußen und kontrolliere die Gasflasche, die seitlich in einer

Vertiefung untergebracht ist. Ich öffne den Hahn und spritze etwas Wasser auf die Schlauchverbindung, um sicherzugehen, dass es hier kein Leck gibt. In der Zwischenzeit tut diese Frau genau das, was ich ihr verboten habe, sie gibt noch mehr Öl in die Pfanne, so dass eine riesige Rauchwolke aufsteigt.

»Juttaaaaaaa!!!«

Lag es am verbrannten Knoblauch, dass das Abendessen sich schlimmer und weitaus gefährlicher entpuppte als ein Heer wuselnder Ameisen? Meine arme Mutter hat es ja immer gesagt: Lass niemals Zwiebeln anbrennen und Knoblauch schon gleich dreimal nicht. Und vor allem sollte man so etwas niemals vor dem Schlafengehen essen, dann hätte ich mir den unruhigen Schlaf und ein böses Erwachen am nächsten Morgen erspart.

Gedanke vor dem Schlafengehen: Warum habe ich statt einer Reise im Camper nicht eine im Orientexpress gewonnen?

2. TAG

Ein ungewöhnlicher Ausflug
Jutta

Die vergangene Nacht ist es wahrlich nicht wert, beschrieben zu werden. Die Wackersteine im Bauch haben sich ein wenig aufgelöst, aber bevor ich diesen ekelhaften Knoblauchgeschmack nicht aus meinem Mund verbannt habe, fühle ich mich nicht wohl.

Leise nehme ich meinen Badeanzug, die Zahnbürste mit ordentlich Zahnpasta darauf und ein Handtuch und schleiche mich aus dem Wohnmobil. Zumindest versuche ich es, aber das Öffnen und Schließen der Fächer und der dreifach verschlossenen Eingangstüre machen so einen Lärm, dass Bruno sich umdreht und grunzend fragt, was ich vorhabe.

»Zähne putzen«, gebe ich zur Antwort und verschwinde.

Barfuß und im Nachthemdchen laufe ich über den verlassenen Campingplatz Richtung Meer. Kühl ist es, ich habe eindeutig den italienischen Herbst überschätzt. Zudem ist es auch noch wolkig. Da ich aber kein Frosch und völlig allein am Strand bin, stellt sich Euphorie ein.

Pudelnackt setze ich mich ans Wasser und putze mir minutenlang die Zähne, gurgle anschließend mit Salzwasser und gleite mit frischem Atem in die Fluten. Das Wasser ist sicherlich zehn Grad wärmer als die Außentemperatur, und es ist einfach nur herrlich!

Vom Meer aus kann man das Städtchen Sperlonga sehen. Es liegt auf einer Landzunge und wurde auf einem Hügel erbaut. Am Meer entlang verläuft eine lange Promenade, auf der im Sommer Hunderte von Buden stehen, in denen Kitsch und Eiscreme verkauft werden.

Als Kind liebte ich diese Buden. Mein größter, jedoch unerfüllter Traum war eine dieser oberkitschigen sprechenden Puppen, die in rosa Spitzenkleidchen gehüllt waren und auf Knopfdruck ganze italienische Sätze sprachen.

»*Grazie, mama*« oder »*Ti amo, mama*«. Es gab auch welche, die konnten Tränchen kullern lassen, oder die Babyversion, die Pipi machen konnte. Noch heute bin ich ein wenig beleidigt, dass meine Eltern mir sie verweigert haben. Meine Töchter haben so eine Scheußlichkeit bekommen, und spätestens nach einem Jahr war die Begeisterung erloschen, und die Ungetüme konnten entsorgt werden. Ich stelle immer alles, was noch gut erhalten ist und nicht mehr gebraucht wird, bei mir vors Haus, und schwuppdiwupp, nach wenigen Minuten hat es einen neuen Besitzer gefunden, den ich damit glücklich gemacht habe.

In Sperlonga leben viele Künstler. Schriftsteller, die dort ihre Sommerresidenz haben, Maler, Bildhauer, auch Schauspieler haben wir dort schon getroffen und sogar Brunos ehemalige Schauspiellehrerin von der Akademie. Sie lief uns vor einigen Jahren in einem dieser verwinkelten Gässchen buchstäblich in die Arme. Das war ein Hallo! Eine Stunde lang palaverten sie, während mich Durst und Hunger plagten. Wir hätten uns ja auch in ein Lokal setzen können, aber nein, Italiener bleiben einfach dort stehen, wo man sich trifft, stehen jedem, der an ihnen vorbei will, im Weg, weil sie völlig versunken in Erinnerungen schwelgen. Deshalb kommt man auch nicht dazwischen, um vorzuschlagen, sich vielleicht in einer halben Stunde wiederzutreffen. Also stand ich mir gelangweilt die Beine in den Bauch. Wenn Bruno nicht hin und wieder zerstreut meinen Arm gestreichelt hätte, wäre ich der Versuchung erlegen, mich einfach davonzuschleichen. Dann hätte er mich später suchen können. Als Strafe sozusagen.

Eigenartig, dass ich gerade jetzt daran denken muss.

Das Meer ist vollkommen glatt wie so oft am frühen Morgen, und ich tauche mit kräftigen Schwimmbewegungen ein. Für meinen Rücken ist Rückenschwimmen das Beste. Ich kann lange Strecken so schwimmen, irgendwann drehe ich mich dann auf den Bauch und kraule zurück. So auch heute. Als ich mich dem Strand nähere, bemerke ich einen Jogger, der gemächlich am Wasser entlangläuft. Hoffentlich gibt er mal ein bisschen Gas, damit ich aus den Fluten steigen kann. Doch plötzlich dreht er sich um und läuft wieder zurück. Es bleibt mir nichts anderes übrig, als noch eine Runde zu schwimmen. Als ob er mich ärgern will, beginnt er dann auch noch ganz in der Nähe meiner Sachen mit Dehnungsübungen. Dann rennt er 100 Meter hin und her, um sich dann auf den Boden zu werfen und Liegestütze zu stemmen.

Warum hab ich Rindvieh nur keinen Badeanzug angezogen? Bruno wird mich sicherlich bereits vermissen, wir wollen ja heute noch an die Amalfiküste fahren. Eine Weile beobachte ich den Fitnessjunkie, und da er überhaupt keine Anstalten macht, sich zu entfernen, beschließe ich, dass er da nun durch muss.

Für uns Nordeuropäer bedeutet Nacktsein etwas völlig anderes als für den Südländer. Ich schwimme deshalb so gerne nackt, weil es für mich Freiheit bedeutet. Auch im Sommer nackt ungestört im Garten liegen zu können, so wie Gott mich schuf, ist für mich der pure Luxus. Ich begreife einfach nicht, wie manche Menschen mit Badeanzug in die Sauna gehen. Was bitte ist daran unanständig, wenn man, ohne andere zu provozieren, nackt ins Meer geht? Den Fischen, da bin ich mir sicher, ist mein Anblick schnurz.

Undine gleich erhebe ich mich aus dem Meer und wate an Land. Ich schnappe mir mein Handtuch und wickle es um. Mit der Zahnbürste in der Hand verlasse ich ganz selbstverständlich und als wäre es das Normalste auf der Welt, sich splitternackt im Meer die Zähne zu putzen, den Strand. Zu gerne würde ich mich umdrehen, um die verstohlenen Blicke des Joggers zu sehen. Ich spüre sie wie Nadelstiche in meinem Rücken. Blöder Voyeur, durchzuckt es mich.

Bruno ist bereits in heller Aufregung. Er wollte unsere heutige Reiseroute im Büro am Eingang ausdrucken, aber da war niemand. Es sei verschlossen; gut, dass er gestern Abend noch die Übernachtung bezahlt hätte.

»Na eben deshalb«, antworte ich, was ihn kurz verwirrt. Wie ich das meine, will er wissen. »Ich nehme an, dass die Campingsaison schlicht und ergreifend beendet ist und sich niemand mehr um Service und dergleichen bemüht. Ich vermute, das wird uns jetzt überall so gehen«, versuche ich ihm klarzumachen.

»So ein Quatsch«, sagt Bruno ärgerlich, »gecampt wird in Italien das ganze Jahr.« Ich werde es schon noch sehen, aber jetzt müssten wir endlich los, ich soll mich schnell fertig machen, frühstücken müssten wir ja auch noch. Halleluja, was für eine Hektik plötzlich, so kenn ich meinen ansonsten eher langsamen Italiener gar nicht. Nachdem Bruno uns entkabelt hat und verstohlen das Brackwasser unseres Mobils in den Boden hat sickern lassen, verlassen wir Tahiti. Da wir keine Trattoria finden und auch Benzin brauchen, nehmen wir unseren Espresso und ein *brioche* an der Tanke ein, romantischer geht's nicht. Und ab auf die Autobahn nach Neapel. Von dort weiter auf der Landstraße entlang am Golf von Neapel. Es geht bergauf, malerisch schlängelt sich die Küste in unzähligen Kurven am Meer entlang. Im Dunst erkennt man die vielen kleinen Inseln, die der Küste vorgelagert sind. Eine davon, ganz in der Nähe von Capri, hat der legendäre italienische Regisseur Luchino Visconti seinem Lebensgefährten und Muse Helmut Berger geschenkt. Sie soll unglaublich romantisch sein, mit einem Palazzo für die traute Zweisamkeit. Ob Helmut Berger sie heute noch besitzt, weiß ich nicht.

Das Wetter ist herrlich, ebenso das herbstliche Licht. Sanft sieht alles aus, wie durch einen hauchzarten Tüll verschleiert. Wie sehr ich diese Jahreszeit in Italien liebe! Die oft unerträgliche Hitze der Sommermonate ist vorbei, die Landschaft erholt sich von der Dürre, und auf den ausgedörrten Feldern sprießt nach ersten Regenfällen zartes Grün.

Da uns nun nichts mehr antreibt – später werden wir Brunos Tochter nebst Freund treffen – und Bruno auch immer besser mit unserem Gefährt zurechtkommt, fast wie ein alter Camperveteran, herrscht zwischen uns heitere Gelassenheit. Wir kennen die Strecke von mehreren Kurzurlauben, und so beschließen wir, uns unterwegs mit *panini* und Getränken einzudecken und mittags in einer dieser kleinen romantischen Buchten am Meer Pause zu machen. Mein Schatz hat eine ganz bestimmte Bucht im Auge, da führe auch eine Straße hinunter, behauptet er.

Als ob alles nur auf uns gewartet hat, erreichen wir alsbald eine große Parkbucht, in der es auch einen Imbiss gibt. Dort kaufen wir Proviant und fahren dann die Straße hinunter zu der wahrlich traumhaft gelegenen Bucht, in der wir ein paar wenige Badende ausmachen. Schmal ist das Sträßchen und auch ganz schön steil, aber gut geteert. Na hoffentlich kommt uns keiner entgegen! Die Kurven sind breiter ausgebaut, und ich genieße den phantastischen Blick über die Küste. Als wir fast unten sind, geht die Teerstraße plötzlich übergangslos in einen Feldweg mit zahlreichen Schlaglöchern über. Vorbei ist es mit Ausweichmöglichkeiten, umdrehen völlig unmöglich, also bleibt uns nichts anderes übrig, als weiterzufahren. Typisch, denke ich mir, bis dahin gehörte der Weg einer Privatperson und ab jetzt dem italienischen Staat. Nach einigen Metern Löcherslalom kommt eine Kurve. Sie ist verdammt eng, und Bruno meint, sie nicht bewältigen zu können. Ich steige aus, um zu sehen, ob wir nicht doch eine Chance haben. Meiner Meinung nach ginge es, er muss nur meiner Anweisung folgen. Eine kleine Diskussion entbrennt zwischen uns. »No, no, no, amore, è impossibile«, schreit er. »Sì, sì, sì, o vuoi ritornare? Questo è impossibile«, gebe ich zurück. Rückwärts fahren geht sowieso nicht, wenn das nicht das Ende unserer Reise sein soll, muss er weiter.

Ich winke und gestikuliere, und er folgt meinen Anweisungen. Dann schreie ich »stooopp« und renne hinter das Mobil, um ihm zu zeigen, wie weit er nun rückwärts fahren muss. Wieder nach vorne und winken, und siehe da, wir haben die Kurve gepackt. Ich setze mich wieder ins Auto, und Bruno rollt weiter im Slalom den Hügel hinunter. Endlich erreichen wir einen Parkplatz. Auf meine Bitte stellt Bruno unser Wohnmobil mit Schnauze Richtung Berg, so dass wir später nicht umdrehen müssen. Ich werde für meine Weitsicht kurz gelobt, bin halt eine *Tedesca*.

Unser Picknick ist gemütlich; anschließend halten wir noch ein kleines Schläfchen in der milden Sonne, herrlich. Wenn ich nicht heute Morgen so ausgiebig geschwommen wäre, würde ich jetzt hier ins Wasser springen, denke ich mir, kurz bevor ich wegdöse, bis auf die paar Menschen am anderen Ende der Bucht ist da ja niemand. Soweit ich erkennen kann, liegen sie sogar nackt auf dem Handtuch, sicher Touristen wie ich.

Nichts ist besser, um wieder fit zu werden, als 20 Minuten Tiefschlaf. Ich habe das trainiert und wache wie auf einen Gongschlag aus tiefsten Träumen auf, um mein Tagwerk weiter zu verrichten. Besonders wichtig ist das bei Dreharbeiten. Ich bin nämlich nach der Mittagspause nicht im sogenannten Fresskoma wie der Rest der Mannschaft.

Bruno jedoch muss ich wachrütteln, denn es wird Zeit für die Weiterfahrt. Vor uns liegen noch etwa zwei Stunden kurvenreiche Straßen.

Schon nach wenigen Metern Bergauffahrt mit unserem Wohnmobil wird uns klar, dass wir keine 300 PS unterm Hintern haben. Wie steil dieser Feldweg ist, war uns beim Herunterfahren gar nicht bewusst. Zugegeben, ich hab mir auch keine Gedanken über die Rückfahrt gemacht. In jeder Werbung sieht man, wie behände und komfortabel so ein Monstergefährt ist, jetzt soll es zeigen, dass in ihm ein Tiger steckt. Ich steige wie schon bei der Runterfahrt aus und laufe winkend und Kommandos brüllend vor der Schnecke her. Bruno weicht brav, so weit es geht, den Schlaglöchern aus. In den Kurven rollt er rückwärts, um dann mit viel Getöse und schleifender Kupplung unter gewaltigen Krrrs und Krrachs weiterzufahren.

Bald erreichen wir den Platz, an dem wir Brunos Tochter Martina und ihren Freund Luca treffen wollen. Nach herzlicher Begrüßung und großem Hallo sehen wir uns um. Der Ausblick hier ist wirklich gigantisch! Begeistert fängt Martina an zu fotografieren. Dennoch, irgendwie ist es merkwürdig hier. Wieso parken hier ständig Autos, aus denen fast ausschließlich Männer mit Ferngläsern aussteigen? Dann stellen sie sich eine Weile an die Leitplanke und glotzen aufs Meer oder sonst wohin. Verschwinden dann entweder zu Fuß ein Stück den Berg runter oder setzen sich wieder ins Auto.

»Martina hat mir gerade erzählt, dass das Spanner sind«, raunt mir Bruno zu. »Die fahren nach Feierabend hier raus, schauen sich die Nackten da unten am Strand an, geilen sich auf und fahren danach heim zur müden Mama.«

»Iih, wie ekelhaft und wie bigott ist das denn?«, empöre ich mich, »lass uns bloß schnell weiterfahren.« Ich will hier nicht länger bleiben und springe in unser Gefährt. Doch was ist das für ein seltsames Geräusch? Wir steigen aus, und uns wird ganz anders. Wir haben einen Platten!

Ich glaub es nicht! Warum muss ich eigentlich immer mit Bruno in solche Situationen kommen? In Griechenland hat er auf einem Ausflug das Getriebe kaputtgefahren, und Dimitrios, der Autoverleiher, musste uns mit einem Abschleppseil aus dem Loch holen; bei unserer Radtour über die Alpen hat Bruno sich vorher nur das Auswechseln des Vorderrads zeigen lassen, und geplatzt ist ihm, wie kann es anders sein, der Hinterreifen! Und nun? Ich wage ihn nicht zu fragen, ob er bei dem Wohnmobil einen Reifen wechseln kann. Mir ist das jetzt egal, beschließe ich. Er wollte mit dem Ding auf Reisen gehen, nicht ich! Bruno wächst zunehmend an seiner Aufgabe und dem Wissen, dass er auf meine Hilfe nicht zählen kann. Ich hole ihm nur die Betriebsanleitung aus dem Handschuhfach. Natürlich ist da alles auf Italienisch geschrieben. Hier stehen zwar genügend Männer herum, aber von ihnen ist sicher keine Hilfe zu erwarten! Mein Experte in Sachen Reifenwechsel setzt sich erst mal auf die Leitplanke und studiert die Gebrauchsanweisung. Ich kaufe zwei Flaschen Wasser, ein stilles für ihn und ein sprudeliges für mich, ganz wie es unserem Charakter entspricht.

Gestärkt geht Bruno an seine Aufgabe. Er findet die richtige Klappe und ebenso den dazugehörigen Schlüssel. Er zieht einen schweren großen Ersatzreifen hervor und, ich staune, auch einen Wagenheber! Letzterer muss jedoch erst zusammengebaut werden. Wie dumm nur, dass ich dafür zu wenig Italienisch verstehe, jedoch immer noch genug, um zu kapieren, dass er flucht.

Natürlich muss die arme Maria wieder mal herhalten, die *miseria* wird mit *porca* verziert, und die *palle* sind riesengroß. Ich kann ihn ja verstehen.

Ein älteres Ehepaar nähert sich neugierig unserem Wohnmobil, guckt blöd aus der Wäsche und verfolgt, ohne Hilfe anzubieten, Brunos Kraftakt. Ich versuche mit kleinen Erklärungen, wie *difficile* es ist und dass es für einen Mann alleine zu schwer wäre, so einen Reifen zu wechseln, den alten Knacker dazu zu bewegen, meinem schwitzenden Mann zu helfen. Erfolglos, entweder mag er einfach nicht, oder er versteht nur Neapolitanisch. Also haue ich den blöden Gaffer auf Bayrisch an, altes Geheimrezept, hat schon bei sardischen Eseln funktioniert. »Mei stell di ned so blöd o, jetzt huif eam hoid, du oider Sack«, sag ich mit aufmunterndem Lächeln im Gesicht. Der jedoch dreht sich beleidigt weg und zückt sein Fernrohr. Oje, vielleicht war er ja in den Sechzigerjahren bei BMW beschäftigt.

Bruno hat inzwischen das Mobil aufgebockt, und ich bin richtig stolz auf ihn. Nun reiche ich ihm auch gnädig Werkzeug, nehme die Schrauben entgegen, die sich mühsam lösen lassen, bringe noch ein stilles Wasser, tupfe Schweißperlen von seiner Stirn. Martina dokumentiert natürlich mit ihrer Kamera die ganze Aktion – und amüsiert sich köstlich! Wo steckt eigentlich Luca??? Als quasi zukünftiger Schwiegersohn könnte er sich ja mal nützlich machen! Aber weit und breit ist nichts von ihm zu sehen. Und statt Bruno zu fragen und möglicherweise einen Familienstreit auszulösen, helfe ich ihm lieber, so gut ich kann. Ich rolle also den

Ersatzreifen in Stellung, helfe Bruno, die Schrauben wieder auf die Muttern zu drehen, und gemeinsam schaffen wir es tatsächlich, wieder auf vier fahrbereiten Rädern zu stehen. Insgeheim danke ich wieder meinem Vater, der mich für zwei Mark jedes Jahr die Sommer- auf Winterreifen und umgekehrt hat wechseln lassen. Gehasst hab ich es, weil er so Geld gespart hat, während ich mich abgemüht habe, aber ich konnte es irgendwann wie aus dem Effeff, und außerdem habe ich mir als junger hübscher Teenie beim anderen Geschlecht ordentlich Respekt verschafft, wenn wir mal auf einem Ausflug eine Reifenpanne hatten. Praktisch veranlagt wie ich war, hab ich bei meinem ersten VW-Käfer auch kleinere Reparaturen selbst erledigt und so manchen heißen Flirt gehabt, wenn ich im Minikleidchen, den Kopf tief in der offenen Motorhaube versenkt, am Straßenrand stand.

Endlich können wir losfahren. Während der nächsten halben Stunde malen wir uns aus, was das alte Ehepaar wohl hier gewollt hat. Abgründe des katholischen Frusts tun sich auf. Sicher beichten sie am Wochenende dann alles dem Dorfpfarrer, der dann auch geil ist. Pfui Deibel!

Lieber konzentriere ich mich jetzt auf die schöne Küstenlandschaft, den sich schon wieder langsam ins Rötliche verfärbenden Himmel, die noch wärmende Sonne, die hier früher untergeht als in München.

Bruno und ich haben uns hier in dieser wunderschönen Amalfitana, der angeblich schönsten Küstenstraße der Welt, kennen und lieben gelernt. Über zehn Jahre ist das jetzt her, und jedes Mal werden wir ein bisschen sentimental, wenn wir durch Sorrent fahren, an unserem Hotel vorbei, dem kleinen Italiener direkt im Hafen, wo es die beste Fischplatte gibt. Fisch direkt aus dem Meer, morgens gefangen und abends verzehrt, frischer geht es nicht! Vorbei an den verwinkelten Gässchen, wo wir uns eng umschlungen geküsst haben, nicht ahnend, ob und wie lange unsere Liebe hält. Italiener können ja so romantisch sein und so galant, wie hilflos manchmal im normalen Leben, wusste ich damals nicht.

Aus meiner jetzigen Erfahrung erscheint es mir deshalb ratsam, die nächste Tankstelle anzufahren und den Reservereifen kontrollieren zu lassen, Luft nachzufüllen und vor allem die Schrauben festzurren zu lassen. Nicht auszudenken, wenn wir in einer Kurve ein Rad verlieren und ins Meer stürzen. Selbst wenn dieses Bild für Liebende romantisch erscheint, wie in dem Film *Jules et Jim*, möchte ich doch gerne noch ein paar Jahre leben.

Zu meinem Erstaunen erhebt Bruno keinen Einspruch, und wir finden eine kleine Werkstatt, wo wir sogar unseren Durst stillen können und auch den des Mobils, das säuft wirklich gewaltig. Wenig später verabschieden wir uns von Martina und Luca und begeben uns mit ausreichendem Luftdruck und gutsitzenden Sechskantschrauben in gut geschmierten Muttern auf das letzte Stück unserer heutigen Etappe.

Massa Lubrense ist eine kleine Gemeinde, wo wir unseren ersten gemeinsamen Film gedreht haben, dort wollen wir zu einem Agriturismo, den ein alter Freund betreibt. Dafür muss man von der Hauptstraße die richtige Abbiegung finden. Sich zu verfahren, wäre fatal, weil auch hier die Wege schmal und unwegsam sind, und wir hatten ja heute schon unser Abenteuer. So fahren wir nach Sorrent, nehmen langsam jede Kurve, und irgendwann geht es steil links hinauf. Schon vor ein paar Jahren haben wir vergeblich nach einem Hinweisschild Ausschau gehalten. Wenn auch von kleineren Diskussionen begleitet, finden wir das Sträßchen, gerade noch rechtzeitig, bevor es dunkel wird. Wieder steige ich aus, um Bruno durch die engen Kurven zu schleusen. Die Spiegel müssen eingeklappt werden, damit sie nicht gegen die Hausmauern schrappen. Es ist ganz schön nervenaufreibend, aber wir sind ein gutes Team, und alles geht gut.

Perfekt zum dramatischen Sonnenuntergang reiten wir auf dem Hof mit seinem gigantischen Ausblick ein. Unser alter Palazzo zerfällt immer mehr, es scheinen weder Geld noch Interesse von Seiten des Staats vorhanden zu sein, dieses Kleinod aus italienischer bäuerlicher Renaissance am Leben zu erhalten, und Gennaro und seine Frau tun, was sie können, aber es reicht leider nicht. Längst sind die Gesindehäuser ausgebaut, und man feiert dort Hochzeiten und große Feste. Wir gehen in den noch erhaltenen alten Teil des Zitronenhains und von dort auf die immer wieder notdürftig geflickte Terrasse, schauen auf die Insel Capri, hinter der kitschig die rote Sonne im Meer versinkt. Hier werden wir unsere zweite Nacht verbringen und im Restaurant unseren Hunger auf das Feinste stillen.

»Hast du Gennaro eigentlich gesagt, dass wir kommen, *amore*?«, frage ich meinen in Erinnerungen versunkenen Bruno.

»Nein«, gibt dieser mir zur Antwort, aber er wäre

doch bestimmt da, denn zu dieser Jahreszeit hätte er so viel mit Ernte zu tun.

Wir haben Gennaro und seine Familie, zwei Söhne und seine hübsche Gattin, erst vor ein paar Jahren kennengelernt. Mit viel Fleiß und wenig Geld hat er versucht, aus diesem von Gott gesegneten Stück Land, das dem Zerfall preisgegeben war, wieder ein Schmuckkästchen zu machen. Jeden Flecken Erde hat er gewinnbringend bepflanzt oder für Tiere angelegt. Ein Hain voller Kiwipflanzen, Zitronen- und Orangenbäumen, ein Pferch mit Wildschweinen inmitten von Apfel- und Birnbäumen, Olivenplantagen, in denen Pferde leben, freilaufende Hühner in allen Größen und Farben, die alle sitzen und picken, wo es ihnen passt. Viele Hunde mit Malaisen, denen man ihre harte Vergangenheit ansieht und die in völliger Eintracht mit mindestens ebenso vielen Katzen leben. Noch nie habe ich so große Himmelstrompeten gesehen. Riesige Sträucher, mindestens drei Meter hoch und ebenso breit, die mit unzähligen stark duftenden Blüten behängt sind. Fast wird einem schwindelig von ihrem öligen Geruch, der wie eine Glocke in der warmen Abendstimmung hängt. Daneben breitet sich ein ganzer Hang voller Aloepflanzen aus, der an einen Acker mit großen alten Mandelbäumen grenzt. Ich muss ein wenig laufen und allein sein, bevor wir uns in eine sicherlich turbulente Unterhaltung stürzen. Hoffentlich laden sie uns nicht aus lauter Höflichkeit und Gastfreundschaft zu sich in ihre Wohnung ein, die wenig gemütlich ist. Ich erhoffe mir ein gepflegtes leckeres Abendessen, aus heimischen Erzeugnissen zubereitet. Während ich mir in der Dämmerung den Weg hinauf zu den Weinbergen suche, stehe ich plötzlich vor zwei Eselchen, die mich ein Stück begleiten. Wehe, wenn die planen, nachts neben unserem Wohnmobil zu nächtigen und die halbe Nacht mit ihren Kumpels auf den anderen Hängen kommunizieren. »IIIAAAAAA, hier gibt's bessere Kräuter als bei euch, IIIAAAAA, aber dafür stehen bei uns die hübscheren Mädels!« oder so. Kenn ich, die Nummer, die hatten wir auf Sardinien. Alle paar Minuten mussten sie sich unterhalten. Ihr Geschrei holt einen explosionsartig aus den tiefsten Träumen. Mit Grausen erinnere ich mich daran.

2. TAG

Manchmal kommt alles anders, als man denkt
Bruno

Zwischen Sperlonga und Gaeta gibt es eine zehn Kilometer lange Felsenküste mit einem Strand, der zu den schönsten Latiums zählt. Bis auf den August, wo nur diejenigen ihn genießen können, die Menschenmassen und Staus lieben, geht von diesem Ort das ganze Jahr über eine magische Faszination aus. Den Frühsommer und den Herbst liebe ich am meisten: Dann sind nur ein paar Menschen da, und das Meer ist schon oder noch warm genug, dass man schwimmen gehen kann. Heute ist ein wunderschöner Tag, ich möchte, dass Jutta die Aussicht auf die Landschaft genießt. Ich habe eine malerische kleine Bucht im Auge, wo wir picknicken können. Auf der Fahrt hinunter zum Meer bekomme ich einen Eindruck davon, wie schwierig es ist, unseren Camper durch enge Kurven zu manövrieren. Aber schließlich geht alles gut – nicht zuletzt dank Jutta, die mich durch die Serpentinen lotst. Am frühen Nachmittag sind wir an der Piazzola dell'Arenauta mit meiner Tochter und ihrem Freund Luca verabredet. Sie sollen ein paar schöne Fotos für das Familienalbum von uns machen. Die beiden studieren in Rom an der Accademia di belli Arti. Photographie ist ihre große Leidenschaft, speziell die Schwarz-Weiß-Photographie.

Ehe wir weiterfahren, tanken wir noch einmal, der ursprüngliche und inzwischen fast vergessene Grund (zumindest in Italien), weshalb es Rastplätze gibt. Jetzt hält man hier ja überwiegend, um mal kurz Pipi zu machen und Bonbons und gefüllte Kekse zu kaufen, die man dann doch nicht isst und nach etlichen Tagen als formlose Masse von den Fußmatten herunterkratzt. Bei der Einfahrt in die Tankstelle stehe ich schon wieder vor einer Entscheidung: mit Bedienung oder Selbstbedienung? Wenn ich sonst ja oft schwankend bin, heute weiß ich es genau: »mit Bedienung«. Allerdings habe ich da die Rechnung ohne meine bessere Hälfte gemacht, die auch hier ihren Senf beisteuern muss. Inzwischen sind wir wie das Paar aus diesem Zeichentrickklassiker *Familie Feuerstein*, in der Wilma und Fred angesichts der Probleme des Alltags über alles streiten müssen. Der einzige Unterschied besteht darin, dass wir nicht in einem offenen Steingefährt, sondern in einem gemütlichen Camper sitzen. Doch wenn es nach Jutta ginge, dann könnten wir gut und gerne in prähistorischen Zeiten leben, wo der Schnabel eines Urzeitvogels als Plattenspielernadel dient und das Schoßhündchen ein Dinosaurier ist.

»Jetzt sag mal. Bist du wirklich so faul, oder sind das nur deine unbewussten Phantasien? Ich begreife nicht, warum du dich immer von einem Tankwart bedienen lässt? Ist das wirklich sooo anstrengend für dich? Oder willst du im Leben immer nur bedient werden, weil du keine Lust hast, deinen Arsch zu bewegen?«

Doch hier kann ich ihr philosophisch kommen.

»Das ist keine Frage von Hinternschwingen oder

nicht. Wenn ich ein kleines Opfer bringe und etwas mehr für die Bedienung zahle, kann ich zwei Wesenszüge von mir in Einklang bringen, die sich sonst eher widersprechen. Hier ergänzen sie sich jedoch perfekt. Weißt du, indem wir uns bedienen lassen, erhalten wir Arbeitsplätze, schließlich bezahlen wir damit den Lohn vieler Menschen.«

Damit versuche ich ihr zu erklären, dass ich gern jemand sein möchte, der etwas für die Menschen tut, und mir bewusst bin, dass ich durch meine Entscheidung für Selbstbedienung den Tankwart seiner Erwerbsgrundlage beraube. Gleichzeitig lasse ich mich auch gern bedienen, weil ich keine Lust habe, mich anzustrengen. Ich bin einfach faul. Das ist alles.

»... wenn ich also etwas mehr ausgebe, dann kann ich einmal glauben, dass ich etwas für die Menschen getan habe und noch meinem puren Egoismus frönen, und die zwei Dinge widersprechen sich nicht, sondern HARMONIEREN! Mein Schatz, weißt du, was dieses Wort bedeutet, oder muss ich es dir erst erklären? Also bitte, um des lieben Friedens willen sei so gut und nerv mich nicht wieder, wenn ich beim nächsten Mal Tanken ›mit Bedienung‹ wähle, denn ich bin einfach glücklicher so!«

Und so fahren wir nun zur Piazzola dell'Arenauta, wo Martina und Luca bestimmt schon warten.

Wegen der steilen Felsklippe ist der Strand von der Straße aus nicht einzusehen, und nur weil die vielen Felsen den Zugang versperren, ist dieser Küstenabschnitt von Bauspekulationen verschont geblieben. Es ist mit Sicherheit einer der unberührtesten, wildesten

Strände Italiens, ein kleines Paradies. Von hier oben hat man einen phantastischen Blick, und der Platz ist ideal für unser Fotoshooting.

Um uns herum stehen etliche Autos, und mehrere Leute lehnen mit Ferngläsern an der Brüstung. Einer stellt gerade ein Stativ für ein Riesenfernrohr auf. Birdwatching ist in Italien eine beliebte Freizeitbeschäftigung, und diese Gegend ist berühmt für ihre Beobachtungspunkte. Diese Leute sind immer an der frischen Luft, es ist ein weitverbreitetes Hobby, und es kostet recht wenig. In unserem Führer steht, dass die Vogelbeobachter hierher kommen, um den »Fürsten der Klippen« zu beobachten, den großartigen Wanderfalken, einen Raubvogel, der dafür bekannt ist, im Sturzflug Höchstgeschwindigkeiten von bis zu 320 km/h zu erreichen, so dass er als das schnellste Tier der Welt gilt. Und anscheinend muss man nicht lange warten, ehe man seine Kraft und Eleganz bewundern kann, da die Klippe ein natürlicher Nistplatz für ihn ist.

»Schatz, erinnerst du dich noch an Ecuador? An diesen Wald voller verschiedener Vögel, wo dir der Steinadler einen solchen Schrecken eingejagt hat?«

»Das war kein Steinadler, Jutta, sondern ein Hoatzin, und außerdem war der nur so groß wie ein Huhn und hat mich auf keinen Fall erschreckt. Er hat mich nur vollgekackt!«

»Ach stimmt. Ich wusste doch, dass du wegen irgendetwas angefressen warst!«

Auf jeden Fall werde ich allmählich etwas nervös wegen des merkwürdigen Verhaltens der Leute um mich herum. Fast alle halten ihre Ferngläser in eine Richtung, doch weisen sie nicht auf die Klippe, sondern nach unten, auf den Strand. Wo nach allen Gesetzen der Logik nicht einmal der Schatten eines Wanderfalken zu finden sein sollte. Aber wonach halten sie dann Ausschau? Nur ein Mann ist in seinem Auto sitzen geblieben, zusammen mit seiner Begleiterin starrt er unaufhörlich zu uns herüber, seit wir aus dem Camper gestiegen sind. Und auch irgendwie lüstern! Da kommt noch ein Auto mit einem weiteren Paar darin. Der Typ hinterm Steuer lässt die Scheinwerfer dreimal kurz aufleuchten. Die anderen antworten mit demselben Zeichen, steigen aus und setzen sich zu ihnen in den Wagen.

»Merkwürdig, oder?«

»Na ja, das werden Vogelbeobachter sein wie alle anderen hier. Vielleicht haben sie sich ja hier verabredet.«

»Nein, nein, Papa, ich kann dir sagen, was das für Leute sind: Das sind Swinger! Und die anderen mit dem Fernglas, das sind Spanner!«

»Martina, also was fällt dir denn ein?«

»Papa, wie immer bist du zwanzig Jahre hinterher. Dein wunderbarer Strand von damals ist heute ein Nudistenparadies!«

Und meine Tochter hat recht. Dieses idyllische Fleckchen Natur ist mit den Jahren ein FKK-Treffpunkt geworden. Damit das klar ist, wir haben überhaupt nichts gegen Nudisten, im Gegenteil, liebend gern würden wir uns ihnen anschließen. Doch die Vorstellung, dabei von einem »Heer« geiler Spanner beobachtet zu werden, lässt uns in Windeseile in den Camper flüchten.

»Jutta, ich schwöre dir, ich hatte ja keine Ahnung ...«

»BRING MICH SOFORT VON HIER WEG, ODER ICH TRAMPE!«

Mit diesen Worten verschwindet sie türenknallend im Bad. Ich setze mich wieder ans Steuer. Doch oh weh; als ich losfahren will, tut es einen Schlag. Besorgt steigen wir aus und umrunden das Auto. Was für ein Malheur! Erst diese Enttäuschung und nun das! Ich bin wirklich deprimiert. Ich hatte mir alles so schön ausgedacht – das Picknick am wildromantischen Strand mit den leckeren Olivenhörnchen aus der Region, anschließend das Fotoshooting mit Martina ... das hat uns gerade noch gefehlt! Nun heißt es erst mal Reifen wechseln. Martina ergreift die Gelegenheit beim Schopf. Kann sie doch endlich mal für die Ewigkeit festhalten, wie ihr Vater sich anstellt. Aber mit Juttas Unterstützung bewältigen wir auch dieses Problem.

Zur Sicherheit beschließen wir, nach einer Werkstatt Ausschau zu halten, um die Muttern nachziehen zu lassen. Das Glück ist uns hold, und bald entdecken wir eine Art Garage. Dort schlägt ein merkwürdiger Kerl auf eine hölzerne Gestalt ein, dass die Späne nur so fliegen:

»Ich mach dich klein ... ich mach dich kleeeiiiiin!«

Bin ich hier in der Höhle eines Menschenfressers oder gar bei einem Serienkiller gelandet? Ich komme mir auf jeden Fall vor wie in einem Horrorfilm, denn als ich mich umschaue, sehe ich auf langen Regalen Dutzende abgetrennte Köpfe ordentlich aufgereiht, jedes Mal, wenn er mit einem weiteren fertig ist, kommt ein neuer dazu.

Etwas zögerlich nähere ich mich dem Mann:

»Entschuldigung, wenn ich störe, ich sehe, Sie sind

sehr beschäftigt. Könnten Sie mir vielleicht kurz helfen, ich hatte einen Platten und würde gern den Reifendruck kontrollieren und die Muttern nachziehen lassen.«

Mit hochgezogener Augenbraue geht der Mann zu einem blutbefleckten (!) Waschbecken und säubert seine Hände. Das Missverständnis löst sich gleich darauf auf, als ich erfahre, dass er ein Bühnenbildner-Requisiteur ist. Er bereitet nämlich gerade die abgeschlagenen Köpfe für eine Szene in einem Horrorfilm vor, der in wenigen Tagen in Gaeta gedreht wird. Und das, was ich gehört habe, war das Stichwort für seinen Sohn, der in dem Streifen eine kleine Rolle ergattert hat und darin den Kopf eines Zombies fortkicken soll. Im Waschbecken ist auch kein Blut, sondern Coca-Cola. Jedenfalls kontrolliert er alles und lässt uns beruhigt weiterziehen. Im Rückspiegel sehe ich, wie Martina Luca leicht mit dem Ellenbogen anstößt. Grinsend winken sie uns zum Abschied nach.

Als ich Jutta das von dem Schnitzer und seinem Sohn erzähle, lacht sie aus vollem Herzen. Ich bin immer noch etwas durcheinander. Und gerate ins Grübeln, wobei meine Gedanken sich vor allem auf eine Frage konzentrieren: Was für Leute mögen das wohl sein, denen ein solcher Film gefällt?

Sicher lernt man nie aus, oder vielleicht kommt man einfach nur zu wenig herum in der Welt. Wie kann man denn so naiv sein und einen Ort voller Voyeure für ein Paradies der Vogelbeobachtung halten? Da fällt mir sofort mein fetter Bekannter ein, der die ganze Woche vor dem Fernseher hängt und sich bei Quizsendungen sein

Hirn zermartert, dazu alle erdenklichen Scheußlichkeiten in sich hineinstopft und dann jeden Sonntagmorgen zur Sporthalle geht, um ja keine Partie des Damenvolleyballteams zu verpassen. Sie sollten mal sehen, wie sehr er keucht, wenn die jungen Sportlerinnen sich spitze Schreie ausstoßend zu Boden werfen, um den Ball ja noch zu erwischen. Oder unser Nachbar in München, der mit dem Militärfernglas um den Hals und der Kamera mit dem Supertele im Anschlag immer unseren Garten im Blick hat. Ein Typ, der nie aus dem Haus geht, nur im Internet einkauft und Rechnungen per Onlinebanking erledigt. Er weiß alles über uns. Er kennt unsere Gewohnheiten: Er weiß, wann wir aufstehen, wann wir frühstücken, was wir essen und ob einer von uns vielleicht nicht schlafen kann. Irgendwann hatten wir sogar den Verdacht, er wäre ein Paparazzo. Solche Leute gibt es, aber bislang dachte ich, Spanner wie die hier gäbe es bloß im Film.

Doch das bleibt nicht die einzige Überraschung heute: Der Außenspiegel auf der Fahrerseite ist kaputt und hängt traurig herab. Wie ist das nur passiert?

Ich klage Jutta mein Leid: »Nicht mal die Halterung ist heil geblieben! Also darauf abgestützt haben kann sich keiner, dafür ist es zu hoch, wahrscheinlich hat mich ein Lieferwagen gestreift, der zu schnell vorbeigefahren ist. Ich werde bestimmt die ganze Türverkleidung abmontieren müssen.«

»Wir sind doch versichert, oder?«

»Nein, mein Schatz, der Spiegel gilt als Zubehör, das ist mit der Police nicht abgedeckt.«

»Na schön. Dann lassen wir es eben, wie es ist, und bezahlen dafür, wenn wir den Camper abgeben.«

»Ich kann doch nicht ohne den Spiegel fahren! Das ist nicht dein Fiat 500!«

»Geh her, kleben wir ihn doch einfach mit Paketband fest!«

Ach, was für eine praktische Frau, die für alles eine Lösung hat! Und als sie entdeckt, dass das Klebeband alle ist, bewahrt sie auch die Ruhe. Sie packt einfach ihre Haargummis aus!

Es ist schrecklich spät geworden. Und wir müssen noch bis zum Campingplatz von Sorrent fahren, dort erwartet man uns spätestens um acht. Doch Jutta möchte unbedingt noch zu dem Agriturismo in Massa Lubrense, wo wir uns vor elf Jahren beim Dreh zu unserem ersten gemeinsamen Film kennengelernt haben. Ab und an fahren wir wieder dorthin, um unseren Freund Gennaro zu besuchen. Das ist der Pächter des alten Palazzos, in dem wir uns zum ersten Mal geküsst haben. Doch die Fahrt dahin ist gar nicht so einfach, es geht steil bergauf mit vielen Kurven. Und leider haben die Haargummis inzwischen nachgegeben, und der Spiegel baumelt wieder nutzlos herab. Na toll!

Sind Sie schon jemals steil bergauf gefahren, während Sie mit halb nach hinten gedrehtem Oberkörper versuchten, mit einem Auge nach vorn und dem anderen nach hinten eine knapp zwei Meter breite Engstelle zu überblicken, der 2,05 Meter des Campers gegenüberstehen? Ich komme nur mühsam vorwärts, mit dem Spiegel auf der Beifahrerseite allein ist das wirklich schwierig, zumal das hier nur ein unbefestigter Weg ist und keine asphaltierte Straße. Aber Jutta kann nicht ruhig daneben sitzen, sondern drückt auf einmal wild auf die Hupe.

»WAS MACHST DU DA???«

»Ich kündige uns bei Gennaro an. Dann kommt er uns entgegen.«

»Aber der hört uns doch niemals. Bis dahin sind es noch ein paar Kilometer. Ich hatte es dir doch gesagt, wir hätten hier nicht hochfahren sollen. Wir hätten den Camper unten an der Straße abstellen sollen.«

»Ach, du kannst einfach nur nicht gut genug fahren. Du kriegst ja nie was gebacken!«

RUMMS! Ein Stein ist gegen die Karosse des Campers geknallt. Daraufhin bin ich so zusammengezuckt, dass ich auf der rechten Seite die Begrenzungsmauer gestreift habe. Jetzt ist der andere Spiegel eingeklemmt, und egal, wie ich nun weiterfahre, ob vor oder zurück, bricht er auch noch ab.

»Verflucht, was machen wir jetzt?«

»Jutta, ganz ruhig, und keine Ratespielchen bitte.«

»Weißt du was, ich setze mich ans Steuer, und du gehst raus und versuchst, ihn irgendwie da loszubekommen.«

»Aber wenn ich doch nicht einmal die Tür aufkriege, da sind doch höchstens fünf Zentimeter Platz. Ach egal. Ich fahr jetzt einfach weiter, dann geht eben auch noch dieser Spiegel kaputt, und das wär's dann. Fertig? Ich fahr jetzt los, hey!«

»Du kriegst wirklich nix gebacken!«

RUMMS! KRACH!

Der Spiegel ist jetzt komplett ab. Hinter der Engstelle halte ich an, um ihn aufzusammeln. Er ist in mehrere Stücke zerbrochen. Von der Mauer mal ganz zu schweigen, die hat auch ziemlich viel abbekommen.

Als wir oben ankommen, geht schon fast die Sonne

unter. Die schönste Stunde des Tages. Gennaro ist verblüfft, uns zu sehen, diesmal haben wir ihn wirklich überrascht. Der Palazzo aus der Zeit der Jahrhundertwende hat sich nicht verändert, vielleicht ist er noch ein wenig mehr heruntergekommen, aber er hat noch denselben Charme: Zitronen- und Orangenhaine bis an die Straße und dieser atemberaubende Blick auf die Faraglioni di Capri, die großartigen Felsenformationen im Meer.

»Hm, im Dunkeln und ohne Spiegel wird es mit dem Runterfahren ein bisschen schwierig, was, Gennà?«

»Warum schlaft ihr nicht hier, macht euch einen romantischen Abend im Restaurant und verbringt dann die Nacht im Camper? Und macht euch wegen der Spiegel keine Sorgen, die repariere ich morgen früh.«

Und so machen wir es. Eigentlich ein guter Moment, uns unsere Handyfotos zu zeigen und die Eindrücke des Tages auszutauschen. Ach was! Wir sind so müde, dass wir nur schnell noch etwas essen und dann schlafen wollen. Vielleicht hat uns auch das halbleere Restaurant in eine melancholische Stimmung versetzt.

Gedankenverloren nehme ich mir ein paar gute Vorsätze vor. 1. Ich hoffe, dass ich heute Nacht nicht schnarche. 2. Morgen werde ich meiner Liebsten das Frühstück ans Bett bringen: Es ist einfach immer schön, »bedient« zu werden.

3. TAG

Atrani – Erinnerungen und Begegnungen
Jutta

Es hätte ein so schönes morgendliches Erwachen werden können. Leise und sanft hätte der Wind unser Wohnmobil umtanzt. Die Vögelchen würden sich mit lustigen Tirilis die noch schlafenden Kehlen putzen, aber stattdessen katapultiert es mich aus einem tiefen Traum, und noch unter Schock frage ich mich, warum es in meinem Bett gackert, miaut, bellt und iaaaht. Zu allem Überfluss donnert auch noch ein Traktor über meine Ohren. Finster ist es, und ganz vorsichtig schiebe ich die Jalousien nach oben, um zu sehen, was sich da draußen abspielt. Es ist noch dämmrig. Ich presse mein Auge dicht an die Scheibe, um etwas erkennen zu können, und starre in das geöffnete Maul eines Mulis, das gerade dazu ansetzt, stoßartige Iiaahs in Richtung unserer Kopfkissen zu schleudern. Vor Schreck lass ich die Jalousie herunterfallen und halte mir die Ohren zu. Warum hat der liebe Gott dem Esel keine schönere Stimme gegeben? Warum muss das arme Tier sich so anstrengen, um sich bemerkbar zu machen? Das ist doch Energieverschwendung. Und schön ist es auch nicht. Wenn ein männliches Muli so um eine zukünftige Gattin wirbt, turnt das doch eher ab. Was soll's, ich stecke ja nicht in ihrer Haut, also wende ich mich meinem schlafenden Esel zu, den wie immer nichts erschüttern kann. Hauptsache, es ist mollig warm und er darf weiterdösen.

Eigentlich hat er recht, es ist noch viel zu früh zum Aufstehen. Ich kuschel mich an Bruno und schlafe wieder selig ein.

Diese zweite Tiefschlafphase ist die beste. Wir gähnen und strecken uns, blinzeln durch die Ritzen der Jalousie und stellen fest, dass es bereits heller Tag ist. »Herrje, wie spät ist es denn?«, rufe ich und hopse aus dem Bett, reiße alle Vorhänge auf und öffne die Türe. Erschreckt flattert ein Huhn auf, das es sich offensichtlich auf dem Trittbrett gemütlich gemacht hatte. So, jetzt müssen wir aber Gas geben. »Raus aus den Federn, du Schlafsack, auf geht's zum Zähneputzen und zur Katzenwäsche«, und damit ziehe ich Bruno das wärmende Plumeau vom Leib. Er hasst es, wenn ich morgens so bin. Da entwickelt er kurzfristig Mordgelüste, und ich genieße es, ihn zu ärgern. Hauptsache er wird wach.

Das Frühstück, das wir wenig später einnehmen, ist karg wie so oft in Italien. Nur mit Mühe kann ich dem Personal, das offensichtlich auch für anderes zuständig ist, klarmachen, dass ich gerne ein *panino* hätte und etwas Speck, eventuell ein frisch gelegtes Ei und einen Kaffee mit Milch, wenn Kuh nicht vorhanden, meinetwegen Eselsmilch oder Ziegenmilch, es läuft doch hier alles herum, was Milch gibt, und sooo schwer kann es doch nicht sein, mir diesen Wunsch zu erfüllen. Obwohl wir wieder nur die einzigen Gäste sind, scheint es jedoch zu anspruchsvoll zu sein. Eier gibt's nicht und frische Brötchen auch nicht. Speck leider gerade nicht, weil der Kühlschrank abgesperrt ist, der Koch ist noch nicht da, daher leider auch keine Milch. Zwieback hätten sie und abgepackte Marmelade und Dosenmilch.

Also her damit. Ich krieg die Krise!

Bevor wir uns dann abseilen, gibt es noch eine große Abschiedszeremonie zwischen Bruno und Gennaro, die sich ihre tiefe und innige Verbundenheit versichern, mit dem Versprechen, nicht wieder Jahre verstreichen zu lassen bis zum nächsten Wiedersehen. Unter viel Palaver wendet Bruno unser Wohnmobil, obwohl es angesichts der Kurven, die wir schon gemeistert haben, geradezu lächerlich ist. Wir winken und rufen unsere *arrivederci* noch so lange wir in Sichtweite sind, und dann sagt Bruno lapidar: »Ich glaube, da fahren wir nicht mehr hin.«

Tempi passati, so ist es halt nun mal. Alles hat seine Zeit, und die hier ist definitiv vorbei, zumindest für uns. Der Charme der früheren Zeiten ist verflogen, und die fatale wirtschaftliche Situation des Landes ist auch hier spürbar. Wir können wegfahren, aber Gennaro und seine Familie müssen bleiben, denn sie haben hier ihr Auskommen, viel Arbeit, wenig Lohn, nur die Landschaft entschädigt sie.

Nach den gemeinsam mit Bravour gemeisterten Kurven, ich werde mich demnächst als Platzeinwinkerin für die großen Jets am Münchner Flughafen bewerben, erreichen wir ohne Kratzer die Hauptstraße. Zu meinem Erstaunen nimmt Bruno den Weg nach rechts, also zurück in Richtung Sorrent. »Wieso denn nach Sorrent? Nach Amalfi geht's links an der Küste entlang!!!«, versuche ich ihn zu bremsen.

Wer sich an unsere Reise über die Alpen erinnert und an die Verirrung am Reschenpass, der kann sich nun vorstellen, welche Diskussion sich anbahnt. Es hat sich nichts geändert. Wie zu Anfang unserer Beziehung kann sich der eine dem anderen nicht verständlich machen. Auch heute, während ich am Schreibtisch unsere Reise nachvollziehe, weiß ich, was für ein dummer Fehler es war, dass ich mich nicht durchgesetzt habe.

1. Bruno kann nicht zuhören.
2. Bruno ist der noch größere Sturkopf.
3. Bruno kann nicht nachgeben.
4. Bruno will immer recht haben.
5. Jutta ist nicht viel besser.

Bruno möchte zurück in den Dauerstau von Sorrent und danach über die Berge Richtung Salerno.

Ich will an der malerischen Küste entlangfahren, vorbei an Positano, dort vielleicht zu Mittag essen und einen kleinen Spaziergang durch das traumhaft schöne Städtchen machen, dann weiter nach Amalfi, durch Atrani und – weil er es so gebucht hat – meinetwegen auf den Campingplatz bei Salerno fahren. Wir haben den ganzen Tag Zeit. Die Küstenstraße hat zwar tausend Kurven, aber heute herrscht normaler Verkehr, die Urlaubszeit ist vorbei. Über die Berge jedoch zieht es sich. Die Strecke ist teilweise sehr steil und kurvig. Ich versuche Bruno eine Fahrt, die wir vor Jahren mit dem PKW gemacht haben, in Erinnerung zu rufen, doch vergebens. Ich solle halt in seine Reiseroute schauen, denn heute hätte er sie ausgedruckt, da stünde es schwarz auf weiß, wie wir zu fahren hätten, pfeift er mich an.

»Bruno, ich glaub dir ja, aber es ist der schlechtere Weg und auch der weniger schöne, außerdem drängt uns doch nichts«, versuche ich ihn zu überreden. Er jedoch behauptet, da gäbe es keine Straße von hier, man müsste in jedem Fall über die Berge!! Langsam verliere ich die Nerven, aber da er sich absolut nicht überreden lässt, umzukehren oder wenigstens stehen zu bleiben, um beide Möglichkeiten noch einmal zu überdenken, gebe ich nach und begrabe meinen schönen Plan. Die Stimmung ist im Eimer, Bruno ist sauer, ich schmallippig und enttäuscht.

Zudem fängt es an zu nieseln. Auf nassem Asphalt ist Bruno mit dem Ungetüm noch nicht gefahren, und je höher wir hinaufkommen, desto stärker regnet es, und das Grau des Himmels vermischt sich mit dem der Landschaft in Einheitsgrau.

Die vielgepriesene Aussicht ist zum Teufel, und es stellt sich heraus, dass die Hinweisschilder in die Jahre gekommen sind. Entweder sie existieren nur noch zur Hälfte oder hängen schepp an einer Hausmauer, so dass man nicht weiß, ob man nun links, nur halblinks oder wieder zurück fahren soll. An vielen Kreuzungen fehlen sie gänzlich. Die Aussagen der nuschelnden, teilweise zahnlosen Befragten am Straßenrand sind wenig vertrauensvoll, und da ich Brunos nicht vorhandenen Orientierungssinn gut beurteilen kann, schreie ich jedes Mal laut auf, wenn er wieder einmal eine Richtung einschlagen will, die uns eher zurück als nach vorne führt.

Besonders gemütlich wird es, als uns der Postbus entgegenkommt. Vorab kündigt er sich mit mehrmaligem Hupen an. Ich bitte Bruno, doch stehen zu bleiben, ein klein wenig zurückzufahren, weil es da eine Ausweichstelle gibt, in die man noch einbiegen könnte, da sich hinter uns kein Auto befindet. Da Bruno aber immer ein bisschen Zeit braucht, um zu reagieren, hat sich diese Möglichkeit, kaum in Erwägung gezogen, auch schon erübrigt. Der Alltagsverkehr drängt von hinten nach, und es kommt wie befürchtet. Wir sind eingeklemmt. Und nicht nur wir! Sowohl vor wie auch hinter uns dröhnt aus den unübersichtlichen Kurven ein Hupkonzert der feinen italienischen Art. Als ob das helfen würde. Es bewegt jedoch nichts. Der Bus und wir sind das Zentrum eines grandiosen Staus. Nun kommt das Blut in Wallung. An den tiefen TUUUT kann man erkennen, dass wohl nicht allein der Postbus im Stau steht, die aggressiven TUTUTUT lassen eilige Geschäftsleute erahnen, die kläglichen TÄTÄT künden Bauern an, die mit ihren Waren auf ihrer Ape zum nächsten Markt streben, und wir hupen besser nicht, weil sie uns sonst verprügeln.

Nachdem der Italiener lautstark seinen Protest bekundet hat, verfällt er je nach Temperament in Lethargie. Ein Wesenszug, der mir schon immer fremd war. Auch gerade in der Politik deutlich zu erkennen. Erst forciert der Südländer vor einer Wahl ein Riesentheater, man macht ein Fass auf, protestiert, schwärzt den anderen an, provoziert Skandale, Talkshow über Talkshow mit profilierungssüchtigen Möchtegernregierenden versiffen das eh schon schlechte Fernsehprogramm, dann kommt die Wahl, wie immer munkelt man von Korruption, die den Unvermeidlichen erneut in den Präsidentensessel hebt, und dann herrscht Stille. Ein bisschen wird noch auf den Straßen und in Lokalen diskutiert, leise natürlich, weil man vorher lautstark gegen den Gewählten war und man sich nun fragt, wieso es bei so viel Protest doch möglich war, ihn erneut an die Macht zu hieven. Es erhebt sich eine Masse Schulternhochzieher, die mit dem Ausatmen eines langen Seufzers die unschönen Wolken über dem Stiefel vertreiben, damit sich wieder das Azzurro breitmacht und den Weg für Millionen sonnensüchtige, spaßbereite Touristen ebnet. *La dolce vita*! Nicht zu vergessen das *dolce far niente*! Das süße Nichtstun!

Nun ja, die sonnengegerbte Liftingmumie ist mittlerweile abgesägt, Italien hat Flagge gezeigt, windet sich noch in Krisenzuckungen, die das Land wie so vieles andere auch überstehen wird, denn es ist letztlich von Göttern geküsst. Wir hier in der Kurve haben jedoch ein schlichtes Organisationsproblem. Die erste Frage lautet, wer gibt nach? Hierzu heißt es nun aussteigen, die Lage betrachten und auf den Verkehrspolizisten warten, der entscheidet, wer nun eigentlich das Recht hat, in der Kurve zu stehen. Der Postbus oder wir? Bruno bleibt hinter dem Steuer sitzen. Einerseits, weil er der Meinung ist, zuerst dort gewesen zu sein, und andererseits, weil er es ja nicht ändern kann. Hinter ihm drängen weitere Fahrzeuge. Er zuckt mit den Schultern!

Das macht ihn verdächtig! Mir wird klar, dass wir die Mittagspause in der Kurve verbringen. Ich erwäge auszusteigen und ein *panino* kaufen zu gehen. Bruno jedoch verbietet es mir. Ich soll gefälligst nicht so ungeduldig sein, der Stau wird sich bald auflösen. Nun ist es an mir, mit den Schultern zu zucken und einen langen Seufzer auszustoßen. Derweil schau ich mir das

Schauspiel auf der Straße an. Lustig, wie mehr und mehr die Insassen der involvierten Autos in das Zentrum der Ursache strömen. Man wirft böse Blicke auf uns arme Camper. Ich bin richtig froh, dass unsere Frontscheibe getönt ist und man somit nicht gleich erkennen kann, dass das Dahinter halbtouristisch ist. Außerdem haben wir ein italienisches Kennzeichen. Soll Bruno doch sein Fett abkriegen.

Sind die debattierenden Gemüter anfänglich noch erhitzt, stellt sich nach kurzer Zeit Humor ein. Man stellt fest, dass man sich ja von irgendwoher kennt, fragt nach den Bambini und der Großmutter, freut sich, dass alles in Ordnung ist, bewundert das Gegenüber, wie sehr derjenige doch *in forma* ist, selbst wenn er einen kleinen Schmerbauch vor sich herträgt, und siehe da, wie aus Zauberhand taucht der Schanti auf, pfeift ordentlich auf seinem Pfeiferl, winkt, hält die Kelle hoch, die Herrschaften eilen zurück zu ihrem Gefährt, und sukzessive kommt Bewegung in die Schlange. Selbst Bruno bewegt sich und legt den Rückwärtsgang ein.

Das hätten wir geschafft! Um jedoch nicht zu übermütig zu werden, stellt sich im nächsten Dörfchen die große Frage, wo es weitergeht, denn die Straße, die Brunos Routenplaner empfiehlt, ist gesperrt. Ein Umleitungsschild zeigt in eine vage Richtung, um genau zu sein zwischen zwei mögliche Straßen. Ich steige aus und gehe in eine Trattoria. »*Scusate, quale strada dobbiamo prendere per andare ad Amalfi, Signora?*«

In Bayern würde man darauf sagen »Wos hast gsagt« oder »Häh?«. Hier sieht mich die Signora nur verständnislos an und zuckt mit den Schultern, um sich dann von mir abzuwenden. Schon gut, sicher war das gramatikalischer Firlefanz, aber sie hat doch eindeutig Amalfi verstanden. Ich versuche es erneut: »*Amalfi, Signora, dov'è la strada per Amalfi?*« Genervt deutet sie genau in die Richtung der gesperrten Straße.

Ich gebe es auf und renne zurück zum Wohnmobil. Ich soll mich jetzt reinsetzen und ihm vertrauen, er wüsste genau, wo wir hinfahren müssten, erwidert Bruno gereizt.

»Ich hab's doch nur gut gemeint, *amore*, und es ist doch wirklich blöd, wenn wir uns jetzt verfahren. Du fährst nach Neapel. Schau mal, da steht es dick und fett auf dem Schild«, kontere ich.

»Ja, aber doch nur ein kleines Stückchen, dann zweigt es ab zur Amalfitana«, widerspricht Bruno. Was soll ich sagen, natürlich geht's nicht wie erwartet zur Amalfitana, denn auch da steht Umleitung, wahrscheinlich ist der Weg durch einen Erdrutsch zugeschüttet. Stattdessen fahren wir geradewegs den Berg wieder hinunter, um kurz vor Neapel auf die Autobahn nach Salerno zu stoßen.

Jetzt bin ich richtig angefressen und kann mich auch nicht beherrschen. »Ja, sag mal, spinnst du, wir sind im Urlaub! Das heißt genießen, schöne Aussicht, gutes Essen und guten Wein und nicht Kilometer abschrubben in möglichst hässlicher Umgebung, um von A nach B zu kommen! Ich will jetzt sofort an die Amalfiküste zurück, also frag deinen blöden Routenplaner, wo die nächste Ausfahrt ist und wie man da wieder zurückkommt, so ein verdammter Mist aber auch.« Puh, das musste raus, sonst wäre ich geplatzt. Bruno ist sichtlich beeindruckt und versucht mich mit einem schiefen Lächeln zu besänftigen. Gerne könne ich selbst nachsehen, aber es gäbe hundertprozentig eine Abfahrt, die uns direkt nach Amalfi führen wird, säuselt er mit Engelszungen. »Na gut, dann bin ich ja beruhigt«, wehe, wenn nicht, denk ich mir, dann platze ich noch mal.

Die Engelein sind jedoch auf unserer Seite, oder Bruno wusste es tatsächlich! Nach etwa 25 km gibt es eine Abfahrt an die Küste. Die nehmen wir, und inständig hoffe ich, dass wir nicht wieder auf ein Umleitungsschild stoßen.

Leider nieselt es immer noch. Wir kommen an eine Weggabelung: Die eine Straße führt nach Positano, die andere nach Amalfi. Und hurra! Bruno erfüllt mir meinen Wunsch! Wenigstens kurz wollen wir das reizende Städtchen besuchen. Ich träume davon, einmal in der Nebensaison ein Wochenende in einem schnuckeligen Hotel in Positano zu verbringen, eine Vespa zu mieten und zwei, drei Tage nur herumstromern, am Strand dösen, ein bisschen schwimmen und abends weinselig in kuschelige Betten fallen. Aber nun freue ich mich erst einmal, und versöhnt setzen wir unseren Weg an dieser herrlichen Küste fort.

Es gibt Plätze auf dieser Welt, die sich nie verändern, ganz gleich, wie lange man nicht dort war, und die eine ewige Sehnsucht wecken. Einerseits möchte man dort bleiben, sich niederlassen, andererseits weiß man, dass der Zauber vergeht, sobald sich der Alltag einstellt. So geht es mir mit der Amalfitana. Jedes Mal, wenn ich hier bin, stellt sich dieselbe Verzückung ein. Als Bruno und ich hier vor Jahren gemeinsam einen Film drehten, habe ich mich nicht nur in ihn verliebt, sondern auch in Atrani. Ich war hin und weg von diesem kleinen an den Berg geklatschten Städtchen mit seinen schmalen Gässchen und den tausend Stufen. Kein Haus steht auf derselben Höhe wie das andere. Ganz unten, bevor die letzten fünf Stufen sich zu einem Tor zum Meer öffnen, liegt der Marktplatz. Dort kann man mittwochs und samstags bis 14 Uhr Gemüse, Fisch und Fleisch kaufen. Kunterbunt ist der Markt, die Bauern aus der Umgebung bringen ihre Erzeugnisse, und das Filmteam musste in dieser Zeit an andere Drehorte ausweichen. Einmal drehten wir oberhalb von Atrani in den Hügeln, wo Wein und Äpfel angebaut werden. Die Amalfitana trennt hier das Städtchen, sie verläuft als Brücke in einer langgezogenen Kurve, und unter den hohen Brückenpfeilern stehen die Häuser. Unser Team musste also von dieser Straße aus alles hoch in die Berge tragen, da der Weg sehr schmal ist und absolut kein Transport auf Rädern möglich war. Jeder packte seine Siebensachen, und unsere armen Beleuchter schleppten Lampen, Stative und Kabelrollen. Die Baubühnenleute trugen Schienen und Klötzchen und hatten als zentnerschweren Ballast den Dolli im Gepäck. Dieses Monstrum mehrere Kilometer steil bergauf zu schieben oder zu tragen, war Sklavenarbeit und von normal gebauten Männern, die zwar durchtrainiert und muskulös sind, nicht zu schaffen.

In dem kleinen Städtchen Atrani gab es jedoch einen Mann, der, als er jung war, Atrani aus seinem Dornröschenschlaf erweckte und kurzfristig zu einer Weltberühmtheit machte. Zu dieser Zeit drehte die grandiose Sophia Loren in dieser Gegend, und man suchte den stärksten Mann Italiens. Dieser stemmte alles. Steinblöcke, entwurzelte Bäume, er zog mit einem

Finger Autos über die Brücke, und er stemmte auch Sophia Loren mit einer Hand. An diesen Mann erinnerte sich unser Produktionsleiter, und siehe da, er lebte noch und arbeitete nach wie vor als Bildhauer in einer kleinen Werkstatt in einer Gasse neben dem Marktplatz. Als wir Schauspieler nun dem Tross in die Berge folgten, trauten wir unseren Augen nicht. Da lief ein kleiner stämmiger Kerl behände bergauf und trug, als wäre es ein Rucksack, den Dolli auf dem Buckel. Dieses Teil wiegt locker 1,5 Zentner und ist auch ziemlich groß. Ich war sprachlos!

Zurück zu dem Marktplatz. Wenn dort kein Markt stattfand, saß man an kleinen Tischchen und aß und trank. Es gab zwei gemütliche Restaurants, die ein paar Tische nach draußen gestellt hatten. Auch ein paar wenige winzige Boutiquen gab es, in denen ich natürlich ein paar hübsche Schuhe und ein Kleid entdeckte. Ich liebte diesen Platz und vor allem ein bestimmtes Haus. Es war sehr schmal, und im zweiten Stock gab es ein Fenster, von dem aus man den Platz überschauen konnte und sogar das Meer sah.

In meinen Träumen kaufte ich dieses Häuschen und lebte dort mit Bruno im Sommer, meine Kinder besuchten mich im Alter mit ihren Familien, und ich schrieb Bücher und träumte in den Tag hinein. Morgens ging ich zum Schwimmen ins Meer, zweimal die Woche kaufte ich auf dem Markt ein, und wenn ich nicht gestorben bin, dann lebe ich heute noch da.

Jedoch vor drei Jahren passierte ein schreckliches Unglück in dem Städtchen. Es regnete und stürmte tagelang. Das Meer tobte, und zu allem kam ein Seebeben. Dieses Seebeben verursachte einen Tsunami, und eine gewaltige Welle überflutete den Marktplatz, die vielen kleinen Gässchen, die Brücke, riss Autos und Teile der Brücke mit sich bis hinauf zu den Weinbergen. Zurück schwappte sie mit Erde, Geröll und Pflanzen und allem, was auf dem Weg lag. Sie begrub den Marktplatz und viele Menschen unter sich.

Bruno und ich waren zutiefst erschüttert.

Nun, auf dem Weg nach Atrani, habe ich ein bisschen Bammel. Werde ich das Städtchen überhaupt wiedererkennen?

Wir fahren durch Amalfi. Zu gerne würde ich kurz anhalten und das neue mondäne Hotel besichtigen. Es soll zu den teuersten und schicksten Hotels an der Küste gehören, aber der Verkehr drängt uns mit sich, und ein kurzes Einkehren auf einem vollen Parkplatz ist mit unserem Monstrum unmöglich, und ehe wir uns versehen, sind wir auch schon wieder draußen aus der weltberühmten Stadt. Nach der letzten Kurve geht die Straße in einen engen Tunnel über. Genau wie damals, als ich zu Fuß mehrere Male durchgelaufen bin und fast an den Abgasen erstickt wäre. Nach dem Tunnel geht es links steil den Berg hinauf in das malerische Städtchen Ravello, wo die schwedische Filmdiva Greta Garbo für einige Zeit mit ihrem Liebhaber lebte. Da jedoch wollen wir heute nicht hin.

Und dann liegt es vor uns, das verträumte Städtchen Atrani! Die Straße hinter dem Tunnel erscheint mir breiter als in meiner Erinnerung, und vor uns liegt die Brücke. Einen schönen Fußweg gibt es rechts und links und eine tolle Abfahrt zum Meer hinunter. »Bruno, bitte, bitte, lass uns hier Pause machen, fahr hinunter, ich muss es noch einmal sehen«, flehe ich meinen

Schatz an. Der tut recht gönnerhaft und sagt »*Ma sicuramente tesoro*«, und biegt auf flotten Reifen um die Ecke. Vielleicht ein bisschen zu flott, denn er hat ganz offensichtlich die Breite und Höhe seines Wohnmobils unterschätzt und war auch nicht darauf gefasst, dass seitlich der Straße Buden mit allerhand Krimskrams aufgebaut sind. Jedenfalls reißt er das Zeltdach einer Bude mit sich. Erst bemerken wir es gar nicht, lediglich das Geräusch kommt uns ein wenig merkwürdig vor. Als ich jedoch in den Rückspiegel schaue und aufgebrachte Menschen rennen sehe, wird mir klar, dass wir was angestellt haben. »Bruno, stooooopp, du hast 'nen Unfall gebaut«, zische ich ihn an. Abrupt bleibt er stehen, und im selben Moment steht auch schon ein großer stämmiger Mann mit verärgertem Gesicht an seinem Fenster und überschüttet ihn mit einer Salve mir unverständlichen Worten, so dass Bruno ganz bleich wird und aussteigt. Neugierig wie ich bin, und natürlich auch, weil ich meinem Rennfahrer beistehen möchte, folge ich den beiden. Die Sache ist noch mal glimpflich ausgegangen. Klar, das Zeltdach liegt am Boden und hat auch einen kleinen Riss, aber die Bude steht noch. Es ist mir schleierhaft, womit wir hängengeblieben sind, und dann sehe ich, dass ganz oben auf dem Dach eine Halterung angebracht ist. Vielleicht für Surfbretter oder Ähnliches. Da muss die Plane sich wohl verhakt haben. Irgendwie finde ich das wahnsinnig drollig, und ich muss lachen. Schrecklich, wenn ich erst mal angefangen habe und etwas wirklich komisch finde, kann ich nicht mehr aufhören, und dann pruste ich wieder los. Erst gucken die beiden sehr irritiert, und offensichtlich bin ich Bruno peinlich, aber ich muss nur noch mehr lachen. Je ernster er mich anschaut, desto mehr gackere ich vor mich hin, bis ich plötzlich die beiden anstecke und sie nicht anders können, als in mein Lachen mit einzufallen. Im Nu kommen noch mehr Leute, die bislang nur gegafft haben, und lachen auch. Eine Stimmung wie in der Comedia dell'arte entsteht. Man versucht die Plane wieder aufzuziehen, beschwichtigt den Budenbesitzer ob des kleinen Risses, schlägt sich gegenseitig auf die Schultern, was so viel heißt wie, er soll's gut sein lassen, und man amüsiert sich über die lachende *Bionda tedesca*, die mit ihrer Heiterkeit die Situation gerettet hat. Mit einem Mal bin ich Bruno nicht mehr peinlich, sondern er erzählt stolz von seiner deutschen Freundin, die er hier kennengelernt hat und die, wie er gerne in Italien erwähnt, eine gaaaanz berüüühmte Schauspielerin ist. Jetzt wird es mir peinlich. Das Dach ist wieder drauf, und wir verabschieden uns von den anderen und fahren ganz vorsichtig die letzten Meter bis hinunter zu einem Parkplatz.

Der Strand ist völlig verändert, nie war er so groß und aufgeräumt. Die Fischbude, die es damals schon an der rechten Seite gab, sieht teuer und edel aus und ist jetzt ein richtiges Restaurant. Umkleidekabinen wie an der Riviera stehen an der Kaimauer, früher lief da der Abwasserkanal ins Meer rein, was immer ein bisschen nach Kloake stank. Ich bin erstaunt. Noch immer gibt es ein Tor, das ins Städtchen führt, nur ist es jetzt schöner und breiter, und dann komme ich aus dem Staunen nicht mehr heraus. Man hat die Stadt höher gelegt!!! Über Stufen steigen wir hinauf zu einem brandneuen, elegant angelegten Platz mit Orangenbäumen und Marmorboden. Ich stehe mit offenem Mund und riesigen Augen auf einem mir völlig unbekannten Platz. Fast könnte ich heulen, wäre es nicht so hübsch. Nach allem, was hier passiert sein muss, haben sie mit viel Geschmack das Beste daraus gemacht. Nach wie vor ist der Charme des Ortes erhalten geblieben, und nur wir, die wir die nostalgischen Zeiten mit der Romantik vergangener Blüte erlebt haben, trauern dem ein bisschen nach.

Nun will ich aber noch mehr sehen. Warum sollten wir hier nicht auch zu Abend essen. Salerno ist nicht allzu weit, und es spielt keine Rolle, wann wir auf dem Campingplatz ankommen. »Wer weiß, vielleicht lebt ja der starke Mann noch, was meinst du? Vielleicht haben ja seine Werkstatt und er überlebt?« Ganz aufgeregt ziehe ich Bruno über den Platz und suche die Gasse, in der der Bildhauer damals lebte. In München habe ich eine Skulptur von ihm, die er mir damals geschenkt hat. Er hatte sie wohl nur aus Langeweile gehauen, denn seine Werke sind groß und für die Ewigkeit gemacht, meines ist ganz klein und dient als Briefbeschwerer auf meinem Schreibtisch. Leider steht auch kein Name darauf, so dass ich seinen Namen nicht kenne.

Wir gehen in ein Gässchen, aber alles ist verändert. Wir kennen uns nicht mehr aus, und deshalb bitte ich Bruno, in einem Lokal nach dem Mann zu fragen. Tatsächlich, er lebt noch und arbeitet auch wieder – und wenig später stehen wir zwischen riesigen Löwenköpfen, muskulösen Männern und anderen aus Stein gehauenen archaischen Ungetümen. Sein Vorbild war sicher der Architekt und Bildhauer Bernini, der unter anderem die zwei großen Brunnen auf der Piazza Navona in Rom geschaffen hat. Unter uns, Bernini war begabter! Da steht er nun, der starke alte Mann, und kann sich natürlich nicht an uns erinnern, aber mit Brunos Erzählung von den Dreharbeiten kehrt seine Erinnerung zurück, und da er sowieso gerade ein Glas Wein trinken wollte, könnten wir gerne mitkommen und ihn einladen.

Das tun wir dann gerne und landen in einer entzückenden Trattoria, in der es lecker nach Essen duftet. Wenngleich ich auch wenig verstehe, was unser großer Meister alles erzählt, ich genieße den Abend, trinke das ein oder andere Gläschen, vielleicht auch eines zu viel, aber es ist ja so gemütlich. Ich schwelge in Erinnerungen und bin einfach total glücklich.

Heute Abend haben wir keine Lust, uns noch irgendwo anders hinzubewegen, wir beschließen, in Atrani zu bleiben, und gemeinsam stoßen wir auf das Leben an.

3. TAG

Eine aufregende Nacht
Bruno

Wenn man von Sorrent nach Salerno will, kann man an der amalfitanischen Küste entlangfahren. Man kann auch durch die Berge fahren, aber heute setzt Jutta sich durch. Und sie hat recht. Hier wird das Fahren zu einem einzigartigen Vergnügen. Obwohl es eine enge und schwierige Straße voller Kurven ist, mit zwei superschmalen Fahrspuren, und man höllisch aufpassen muss, wenn man überholen will (apropos, bei dem starken Linien- und Touristenbusverkehr kann ich in den Sommermonaten von einer Reise im Camper nur abraten), ist diese von allen Strecken des italienischen Stiefels die beeindruckendste. Eine Landschaft, die man mit Muße genießen sollte, ein Vergnügen, das die Seele berührt.

Überall bietet sich ein außergewöhnliches Naturschauspiel mit mächtigen weißen Felsen, die sich ins blaue Meer zu stürzen scheinen. Scheinbar willkürlich entstandene Häuseransammlungen, die sich in den Berg schmiegen, bunte Blumen an den Balkongeländern, malerische Villen aus dem achtzehnten Jahrhundert, einsame Buchten. Nach jeder Kurve wartet eine neue Überraschung, eine Landschaft, die sich natürlich wenig ändert, aber alles andere scheint neu zusammengestellt und wirkt immer wieder faszinierend und aufregend. Als junger Kerl bin ich diese Küstenstraße mit dem Motorroller gefahren, welch ein Vergnügen, sich auf zwei Rädern in die Kurven zu legen – wie ein Rausch! Mit dem Camper gibt es eigentlich bloß einen Nachteil: Man kann den Wind nicht in den Haaren spüren! Aber wenn man so hoch über der Straße sitzt, überwiegen andere Vorteile, unter anderem, dass man alles besser im Blick hat (dank der Spiegel, die Gennaro repariert hat).

Jutta ist immer wieder entzückt, sie kommentiert alles und zeigt auf das, was sie sieht, als ob wir auf einer Achterbahn wären. Mit dem einzigen Unterschied – auf den hinzuweisen ich mir natürlich nicht verkneifen kann –, dass wir hier nicht auf dem Oktoberfest sind, sondern in Kampanien, dem Land, in dem die Zitronen blühen!!

»Warum machen wir nicht in Amalfi halt, vollenden unseren Nostalgietrip und besuchen noch einmal den Strand von Atrani?«

»Ach Schatz, so bringen wir unseren Zeitplan komplett durcheinander! Wolltest du nicht am späten Nachmittag schon in Kalabrien sein? Wir können nicht überall anhalten.«

»Ich hab's mir überlegt. Ruf doch beim Campingplatz an und sag ihnen, dass wir einen Tag später kommen.«

»Einen Tag? Aber wir haben doch schon den von Sorrent ausgelassen. Den hier habe ich ebenfalls mit Kreditkarte reserviert, wir können doch nicht einfach so das Geld zum Fenster rauswerfen!«

»Ach bitte!«

»Okay, aber zwing mich nicht, die ganze Küste abzufahren. Ich rufe an und sage, dass wir später ankommen.«

»Aber Positano lassen wir nicht aus!«

Als ob ich nichts gesagt hätte.

Die Fahrt hinunter nach Colli delle Fontanelle ist zweifelsohne der allerschönste Teil der Strecke: sanft abfallend, großartige Kurven, beste Straßenverhältnisse, breite Fahrspuren. Acht phantastische Kilometer, die schließlich am oberen Ortsrand von Positano enden. Als ob ich Jutta etwas abschlagen könnte. Wir beschließen, das Städtchen mit den weißen Häusern, die sich bis zum Meer hinunterziehen, zu Fuß zu erkunden. Ich stelle unser Fahrzeug an der Stelle ab, die mir ein Parkplatzwächter zugewiesen hat, also neben anderen Campern. Ständig kommen welche nach und füllen eine Parklücke nach der anderen. In der Zeit, in der ich unser Fahrzeug ordentlich hingestellt und den Motor ausgeschaltet habe, haben mindestens drei andere Wohnmobile geparkt, und es treffen immer noch weitere ein und füllen die nächste Reihe. Hier muss wohl der einzige Parkplatz für Camper in der Gegend sein. »Wer weiß, ob wir unseren je wiederfinden!«, meint Jutta skeptisch.

»Siehst du, es ist genau, wie ich dir gesagt habe! Warum hast du dir eigentlich keinen flaschengrünen geben lassen?«

»Weil die alle weiß sind oder höchstens grau!«

Seit mindestens zwanzig Minuten drücke ich schon auf den Knopf für die Zentralverriegelung.

»Das hier ist auch nicht unser!«

Jutta versucht gerade bei einem die Tür aufzumachen, weil sie felsenfest davon überzeugt ist, dass es unser ist.

»Aber der hat doch dieselben Vorhänge!«

Allmählich verliere ich die Geduld.

»Jutta, was wollen wir machen? Sag's mir. Sollen wir auf den Eigentümer warten und dann Telefonnummern austauschen, damit wir eines Tages zusammen verreisen können?«

»Jetzt werd bloß nicht komisch! Du fährst doch die ganze Zeit, dann müsstest DU dich auch daran erinnern, wo du das verdammte Teil abgestellt hast!!«

»Ich bitte vielmals um Entschuldigung, dass ich unvorsichtigerweise nicht die GPS-Koordinaten dieses Scheißparkplatzes gespeichert habe. Woher sollte ich denn wissen, dass es so voll werden würde?!«

Schließlich finden wir doch noch unseren Camper, aber wir sehen auch andere Leute ratlos über den Parkplatz irren, die sich verzweifelt am Kopf kratzen und zweifelnd umsehen, als ob sie sich schon damit abgefunden hätten, ihr gutes Stück niemals wiederzusehen. Es wird ständig voller. Erst jetzt erkennen wir, dass dieser Parkplatz zu einem Bar-Restaurant mit angeschlossenem Miniwasserpark gehört. Männer, Frauen und Kinder steigen aus mit Rucksäcken, großen Taschen und anderem Gepäck. Und fast alle scheinen sich kleidungsmäßig abgesprochen zu haben: Bermudas und kurze Hosen und T-Shirts in allen Farben mit den schlimmsten Aufdrucken, wie so oft in den Ferien, wenn man mal die Sau rauslassen kann: »Emporio Armani« oder »I love …« irgendwas, das Trikot von Ronaldo und sogar eins mit Papst Franziskus! Jetzt sind wir aber neugierig geworden und wenden uns an einen Mann, der sich hier auszukennen scheint.

»Meine Frau und ich kommen jedes Jahr nach Positano, doch bevor wir ans Meer fahren, halten wir immer hier am Miniwasserpark, um den Kindern eine Freude zu machen. T-Shirt und Hosen zum Wechseln gehören mit dazu, denn hier wird man immer nass!«

Sie sehen so aus, als ob sie gleich jede Menge Spaß haben würden. Die Freude steht ihnen ins Gesicht geschrieben, daher wollen wir nun auch sehen, was all diese Menschen hierherzieht. Neben den üblichen aufblasbaren Gummielementen und Wasserrutschen gibt es eine Attraktion, die Jutta ganz besonders lockt. Sie heißt »Der rasende Baumstamm«. Gerade ist uns ein Typ aus Neapel entgegengekommen und hat es mit der typischen Knappheit seiner Landsleute auf den Punkt gebracht: »*È 'na strunzata* – Das ist ein Riesenscheißdreck!« Diese Meinung teilen 99,9 Prozent der Besucher. Aber Jutta kann es gar nicht erwarten, es selbst auszuprobieren.

»Schau doch, das ist wie auf dem Oktoberfest!«

Ein großer Baum mit stählernen Ästen, an deren Enden wir Platz nehmen. Seine Äste werden ja im Idealfall vom Wind bewegt. Falls man nun für dieses Fahrgeschäft eine Erklärung möchte, dann muss man sich die Dynamik folgendermaßen vorstellen: Durch den Wind drehen sich die Äste immer schneller und bewegen sich dazu ruckartig rauf und runter. Wirklich *'na strunzata!* Doch Jutta amüsiert sich prächtig und sagt, dass sie es aufregend findet und ihr Adrenalinspiegel steigt. Ich dagegen habe bloß Angst. Riesenangst. Die in dem Maße zunimmt, wie der »Baumstamm« an Geschwindigkeit zulegt, uns hoch in die Lüfte hebt und dann wieder plötzlich absacken lässt. In dem Moment glaube ich, dass unser letztes Stündlein geschlagen hat, dass der Sicherheitsbügel sich unvermittelt öffnen wird und wir in die Tiefe stürzen. Und plötzlich erinnere ich mich auch wieder an die anscheinend jahrelang unterdrückte Angst, die mich immer überfiel, wenn wir diese verfluchten Fahrgeschäfte auf der Wies'n besucht haben. Besonders bei der Achterbahn, da habe ich doch wirklich zu JesusMariaundJosef gebetet, dass sie stehen bleiben möge, und danach habe ich mich furchtbar gefühlt.

»Mir reicht's! Gehen wir, schließlich wollen wir Positano besichtigen und keinen Jahrmarkt besuchen!!«

Im Camper ist dann wieder ein wenig Frieden eingekehrt. Aber bloß, weil Jutta sich etwas gegönnt hat und nach einem kurzen, wirklich sehr kurzen Moment der Überlegung eine Tafel Bitterschokolade gekauft hat. Für sie noch so eine unwiderstehliche Versuchung! Schokolade kann (wie Mozzarella) ihre Ungeduld bezähmen, eine geniale, allerdings kalorienreiche Methode, eine Atmosphäre von Sorglosigkeit herzustellen. Wir sind im Urlaub, und daher muss man – sagt zumindest sie – eine große Menge Süßigkeiten dabeihaben, mit denen man sich die Zeit genüsslich vertreiben kann, ohne den Fahrer abzulenken.

Wir fahren über Praiano und Furore, zwei nicht ganz so berühmte Orte, die dafür eine umso schönere Aussicht bieten. Dann geht es nach Amalfi, wo man sich eigentlich Zeit für den Dom nehmen sollte, mit der beeindruckenden Treppe und dem Kreuzgang *Chiostro del Paradiso*. Aber heute fahren wir weiter. In Atrani, dem Ort direkt hinter Amalfi, werden wir von der Erinnerung überwältigt. Der Abend mit einem alten Bekannten beschert uns einen Flashback. Er katapultiert uns unmittelbar an den Beginn unserer Liebe zurück, genau in den Moment, als der Funke zwischen uns übersprang. Zum Teufel mit all den Streitereien, Missverständnissen und Gefühlsausbrüchen der ersten Tage, werfen wir lieber alles, was wir am anderen nicht verstehen, über Bord und kehren zum Glück unserer aufkeimenden Liebe zurück. In dieser wunderbaren Stimmung nimmt Jutta meine Hand.

»Ach bitte, lass uns doch heute Nacht hierbleiben. Ist das nicht viel romantischer?«

Aber ja! Bleiben wir hier. Unter einem Torbogen sehe ich noch zwei weitere Camper, die anscheinend schon seit Tagen dort stehen, und wir stellen uns neben sie. Kurz kommt mir wieder der Vertragshändler in den Sinn, seine Warnung war unmissverständlich: »Stellen Sie das Fahrzeug keinesfalls einfach so am Straßenrand ab, Sie könnten ziemlichen Ärger bekommen!«, doch ich pfeif drauf.

»Schließen wir alles gut ab, legen Musik auf, und dann lassen wir uns vom Meeresrauschen in den Schlaf wiegen. Ganz wie du willst, meine Liebste.«

Als ich dann die Vorhänge zuziehen will, nimmt das nächste Verhängnis seinen Lauf. Wie hätte es auch anders sein sollen?

In einem der Camper neben unserem (der schummrig rot beleuchtet ist) gibt sich ein Pärchen gerade ziemlich geräuschvoll den körperlichen Freuden der Liebe hin. Da die Fenster geöffnet sind, ist das nicht zu überhören. Und je mehr sie sich ihm hingibt, desto leidenschaftlicher wird er. Jutta hat davon nichts mitbekommen, sie kümmert sich um die Thermoskanne für den Gute-Nacht-Tee und betrachtet sich dabei bewundernd im Spiegel, zufrieden, wie sie es schafft, so gut in Form zu bleiben. Ich dagegen beobachte fasziniert einen Riesenkerl, der gerade mit zwei Hunden im Schlepptau aus dem anderen Camper tritt. Als der eine Hund, ein ziemlich verfettetes Tier, sieht, wie der Mann nach den Leinen greift, flippt er schier aus vor Freude. Wer weiß, wie lange er schon den Moment herbeisehnt, dass jemand mit ihm Gassi geht. Da er wegen seines Gewichts und der kurzen Beine nicht hochhüpfen kann, drückt er seine Freude durch Schwanzwedeln und Bellen aus. Der andere Hund, ein zartes Wattebäuschchen, hat überhaupt keine Lust, sich in Bewegung zu setzen, sondern möchte hochgehoben werden. Man sieht, dass er es gewohnt ist, herumgetragen zu werden. Doch der Riesenkerl denkt gar nicht daran, sich zum Sklaven zu machen, und leint ihn ebenfalls an. Was für ein widerlicher Mensch! Die Pfoten des kleinen Hundes sind so fest in der Erde verankert, er würde sich eher von der Leine erdrosseln lassen, als diesem brutalen Kerl zu folgen. Schließlich gibt der Mann nach und hebt ihn hoch, es ist ihm deutlich anzumerken, dass er ihn am liebsten wieder in den Camper verfrachtet hätte. Das Hündchen beginnt zu winseln. Jeder Vollidiot würde kapieren, dass es an eine freundlichere, sanftere Behandlung gewöhnt ist, nicht an so einen groben, festen Griff.

Nun stehen die drei vor der kleinen Treppe des Rotlicht-Campers, aus dem gerade ein Mann mit gesenktem Kopf heraushastet. Die Vorhänge am Fenster, die eben noch geschlossen waren, sind jetzt aufgezogen, und ich erkenne eine Federboa, die über einem Schrankgriff hängt. Der Hund auf dem Boden hat eine Pfote auf die erste Stufe gesetzt, aber wegen seines Gewichts schafft er es nicht weiter. Der Ärmste würde mit seinem dicken Bauch über die Stufen schleifen.

»Los, geh schon hoch!«, schreit ihn dieser Mistkerl an.

Er ist ungefähr so nett zu ihm wie Cruella De Vil zu den 101 Dalmatinern und tritt nach ihm. Als der Hund endlich oben ist, purzelt er wieder runter, und dabei verheddert sich die Leine um die Beine des Riesenkerls. Ach, wie ich das genieße! Der kleine Hund auf seinem Arm bellt vor Schreck. Ach nein, es ist nur das unüberhörbare Zeichen, mit dem er ein dringendes Bedürfnis anzeigt. Der Mistkerl setzt ihn ab, aber nur, weil er sich dadurch leichter aus der Leine befreien kann. Als er bemerkt, dass der Hund ein großes Geschäft verrichtet hat, zieht er eine Plastiktüte aus der Jackentasche (der Kerl hat sogar ein Schäufelchen dabei!) und bückt sich, um alles mit angewidertem Gesichtsausdruck aufzusammeln. Der größere Hund ist schon wieder auf der ersten Stufe angelangt und starrt ihn feindselig an.

»Bruno, was machst du denn dort am Fenster? Der Tee wird kalt. Zieh den Vorhang vor, und komm ins Bett!«

»Komme gleich! Da draußen gibt es nur gerade etwas sehr Komisches zu sehen. Ich bin sofort bei dir.«

Ich nehme an, wenn ein Außerirdischer auf der Erde

zu Forschungszwecken unterwegs wäre, um die Gewohnheiten seiner Bewohner zu studieren, würde er wohl zu dem Schluss gelangen, dass dieses kleine weiße Fellbündel der Herrscher ist, vor dem sein Untergebener knien muss, um seine Kacke wegzuräumen. Der Riesenkerl ist immer noch mit dem Wegräumen beschäftigt, als ich höre, wie eine Frau ruft.

»Kimba, Botero, da seid ihr ja endlich!«

Nun sehe ich, wie aus dem Halbschatten die Frau hervortritt und die Hunde nacheinander hochnimmt. Als alle im Camper verschwunden sind, auch der Mistkerl, geht die Tür zu. Die Frau bleibt vor dem Kleiderschrank stehen, zieht die Federboa vom Schrankgriff und legt sie sich um den Hals. Sie ist schön, hat lange, dunkle Haare, die ihr glatt über die Schultern fallen, große, spöttische Augen, volle Lippen und ist stark geschminkt. Sie trägt ein sexy, cremefarbenes Negligé, das vorne etwas geöffnet ist.

»Es ist zu heiß hier, Salvatò, und die Klimaanlage ist kaputt. Du hattest mir versprochen, sie reparieren zu lassen. So kann man doch nicht arbeiten. Der Freier von eben wäre mir fast erstickt. Gefällt dir die Boa, die er mir geschenkt hat?«, sagt sie und öffnet den Gürtel aus weichem Stoff, wodurch sie den Blick auf ihren üppigen Busen freigibt, nur die Brustwarzen sind noch von Straußenfedern verdeckt.

»Ich halte mich gut in Form, hey? Was sagst du dazu, Mister?«

Sie tritt ihrem Beschützer gegenüber ziemlich selbstbewusst auf.

»Komm schon, fass sie nur an, spürst du, wie fest sie sind?«

»Bist du fertig für heute?«, fragt er finster.

»Nein, ich erwarte noch den Ingenieur. Du weißt schon, der kommt doch immer erst nach Mitternacht.«

Und damit geht sie zum Kleiderschrank und holt aufreizende Dessous und Strümpfe hervor.

»Da, die hier kannst du gleich wieder mitnehmen. Wann hörst du endlich damit auf, mich in diese billige Unterwäsche zu zwingen? Ich arbeite nur mit wohlhabenden Freiern. Die wollen feines Zeug, Qualitätsware!«

»Du weißt doch, im Moment herrscht Krise. Ich bin übrigens nicht gekommen, um dir die Hunde vorbeizubringen, meine Hübsche; wir müssen weg. Hier gibt es zu viele neugierige Menschen, wie auch den Kerl da, der uns aus dem Camper gegenüber anstarrt.«

Er hat mich bemerkt! Seine korpulente Gestalt zeichnet sich dicht am Fenster ab. Das ist jetzt nicht länger eine Stimme aus dem Off, sondern eine reale Bedrohung. Schnell schließe ich die Vorhänge. Ich habe einen Kloß im Hals, und meine Arme zittern. Und meine liebe Jutta sorgt dafür, dass sich meine Angst noch steigert.

»Was sind denn das für Stimmen?«, fragt sie vom Bett aus.

»Ach nichts, nur ein heftiger Familienstreit. Würde es dir viel ausmachen, wenn wir woanders hinfahren?«

»Woanders hinfahren? Aber wir sind doch gerade erst angekommen?! Kommt gar nicht in Frage!«

»Aber es ist ziemlich laut, und diese zwei, die sich ständig streiten, gefallen mir nicht.«

»Was für zwei …?«

Alles geht so schnell, dass sie nicht einmal ihren Satz

beenden kann. Hartnäckig und grob hämmert jemand an unsere Tür. Ich weiß schon, was mich erwartet, und vor allem, wer. Jutta ist total verängstigt und versteckt sich unter der Decke. Ich will gar nichts davon erzählen, was sich hier abspielt, ich schließe die Augen, und während ich zur Tür gehe, wünsche ich mir, ganz woanders zu sein (genau wie in einem schlimmen Traum, wo man auch hofft, dass man jeden Moment aufwacht). Doch alles vergebens, vor der Tür steht wirklich der Mistkerl. Er sagt kein Wort. Er sieht mir nicht einmal in die Augen, sondern starrt auf das Fenster, von wo aus ich sie beobachtet habe. Jutta steht auf, schnappt sich einen Wattebausch und tut so, als würde sie sich abschminken. Bleich wie eine Wachsfigur stellt sie sich neben mich und sagt schüchtern »*Buonasera*«. Dann will sie schnell ins Bad schlüpfen, als er loslegt:

»Warum sagen Sie Ihrem Mann nicht, dass er sich um seinen eigenen Scheiß kümmern soll, anstatt bei anderen Leuten ins Fenster zu spannen!«

Jutta reagiert mit Türenknallen, ich höre sie im Bad und weiß: Schon wieder hat mich jemand missverstanden.

4. TAG

Campen wie die Profis – Corigliano
Jutta

»Kann es sein, dass ich gestern vor lauter Wiedersehenseuphorie ein Gläschen zu viel getrunken habe, oder hast du tatsächlich ein vollbusiges Glutauge beobachtet?«, frage ich leicht verunsichert meinen erwachenden Bruno. »Und hast du etwa auf ein Angebot von ihr gewartet? Könnte es eventuell der Wahrheit entsprechen, dass wir uns auf einem Parkplatz vom Straßenstrich befunden haben? Und könntest du mir das vielleicht erklären?«

Ich raufe mir die Haare. Warum können wir nicht wie ganz normale Menschen eine kleine nette Reise im Wohnmobil unternehmen, uns einfach liebhaben und dann gemeinsam unsere Urlaubsfotos in ein Album einkleben, um sie stolz unseren gelangweilten Töchtern und Freunden zu zeigen?

Als ob mein Groll noch Applaus benötigt, trommelt ein gewaltiger Regenguss auf das Dach unseres Gefährts, begleitet vom entfernten Donnergrollen eines abziehenden Gewitters.

»Also nun sag schon! Hast du oder hast du nicht? Ich will das jetzt sofort wissen«, nerve ich Bruno, der mir einen Vogel zeigt und die Augen verdreht.

Ja, das genießt er, wenn ich mich so aufrege. Immer schön das Süppchen am Köcheln halten und die Partnerin im Ungewissen schmurgeln lassen. Aus

109

langjähriger Erfahrung mit meinem italienischen Minimacho weiß ich, dass er alles tun wird, um mich zu verunsichern, aber da hat er sich gewaltig geschnitten. Denn ich bin nicht eifersüchtig, war es noch nie und werde es auch nie sein! Zumindest kann ich mir das ja mal einreden.

Es gießt wirklich aus Kübeln. An Gummistiefel hab ich nicht gedacht, als ich gepackt habe. Ich habe zwar meinen kuscheligen Strickwollmantel dabei, aber wenn ich mit dem rausgehe, ist er nach fünf Minuten als Waschlappen zu gebrauchen und riecht die nächsten Tage wie ein nasser Hund.

Ein Blick aus dem Fenster zeigt, dass wir nun statt leicht bekleideter Damen von Marktbuden umzingelt sind und sich unsere Abreise schwierig gestalten wird. Während Bruno sich notdürftig frisch macht, hüpfe ich in Jeans und Turnschuhe, schnappe mir meinen Geldbeutel und renne hinaus ins Getümmel, um wenigstens zwei Brötchen und *brioches*, Wasser und zwei Espresso zu kaufen. Noch wird der Markt aufgebaut, und wir sollten schnellstens verschwinden, bevor wir vor heute Nachmittag nicht mehr wegkommen. Als ich kurz darauf als triefender Pudel ins Cockpit steige, sitzt Bruno, o Wunder, bereits hinterm Steuer und startet den Motor.

Wow, manchmal kann er doch schneller sein, als ich gedacht habe. Hier will selbst er nicht mehr länger sein, und erneut erbittet er sich meine copilotischen Dienste, und ich manövriere uns sicher und unfallfrei aus Atrani heraus.

Mampfend und unseren nächtlichen Stimmungskater mit einem leckeren Espresso besänftigend, fahren wir mit den Scheibenwischern auf der stärksten Stufe durch die plötzlich trostlos wirkende Landschaft. Es macht wenig, wenn nicht gar keinen Sinn, auf kleinen Straßen an der Küste entlangzufahren. So beschließen wir, dem Wetter zu trotzen und so schnell wie möglich den Regenwolken zu entfliehen, indem wir den Weg Richtung Kalabrien auf der Autobahn hinter uns bringen.

Viele Male schimpfte Bruno bereits darüber, dass der Staat zwar immense Steuern von seinen Bürgern einzieht, die Mautgebühren für Italiens Autobahnen horrend sind und man als Strafe dafür, je tiefer man sich in den Süden begibt, auch noch Gefahr läuft, die Vorderachse seines Autos zu brechen.

Nur siehe da! Was ist geschehen? Nach wenigen Kilometern Gehoppel öffnet sich mit einem Mal die zweispurige Löcherpiste zu einer dreispurigen Flüsterasphaltavenida. Kein Geruckel droht den Espresso zum Überschwappen zu bringen, man könnte sogar flüstern. Wir entspannen uns, und trotz anhaltenden Nieselregens erscheint uns alles rundum freundlicher. Seit Berlusconis rechtmäßiger Verurteilung hat sich etwas getan im Staate Italien. Oder schreibt sich diese Erneuerung der feine Herr noch auf die Weste und lässt sich nachträglich im Süden dafür feiern? Man weiß ja nie, ob die Mumie nicht doch noch einmal die politische Spitze anstrebt. Vielleicht ist ja von seiner Luxuskarosse hier auch schon mal die Achse gebrochen und hat ihn danach zum Umdenken gezwungen.

Ich sollte mein Lästermaul halten, denn Bruno schnauft schon etwas angestrengt. Er leidet nämlich immer sehr, wenn ich auf seinem Ländle herumhacke, obwohl er auch selbst manchmal ganz schön kritisch über seine Heimat redet. Man muss ja wirklich viel Humor als Italiener entwickeln, um so manches hier zu ertragen.

Die bergige Landschaft, die uns weiter von der Küste entfernt, erinnert mich an Bayern. Viel Landwirtschaft, die natürlich zu der herbstlichen Jahreszeit brachliegt, wechselt sich ab mit karg bewaldeten Hügeln. Bei weitem nicht so sanft wie in der Toskana, eher rau und wild. Sicherlich haben sich hier wilde Eroberungskämpfer die Säbel in die Brust gestochen, um einen Hügel zu ergattern. Dann wurde darauf eine Burg gesetzt und eine Ringstraße gebaut, an der sich die Häuserzeile entlangzieht. Die Menschen in den Häusern dienten dem Fürsten in der Burg, und die landwirtschaftlichen Erzeugnisse wurden auf Märkten im Tal verkauft. Heute sehen diese kleinen Dörfchen malerisch schön aus, und es gibt genügend Geld, um sie für den Tourismus zu erschließen, aber manchmal sehen sie auch verlassen und heruntergekommen aus, und man trifft nur alte Leute, denn die Jungen sind längst als Glücksritter in eine Großstadt gezogen. Das macht mich immer traurig, denn der Verfall ist nicht aufzuhalten, und man fragt sich, wovon diese alten Menschen überhaupt leben. Zu alt und arm, um ein Auto zu besitzen und sich kilometerweit entfernt zu einem Supermarkt aufzumachen, für den sie sowieso kein Geld haben.

Plötzlich öffnen sich die Berge, und ein weites Tal liegt vor uns. Ich bin ganz aufgeregt, denn das müsste das Tal des Flusses Calore sein. An dessen Quelle einst die Griechen Poseidonia, das heutige Paestum, errichtet haben.

»Sag mal, mein Schatz, liegt dahinten irgendwo Paestum«? Bruno ist sich nicht so ganz sicher, aber vermutet es in der Richtung. Nun bin ich nicht mehr zu bremsen. Der Regen ist mir egal, ich will da hin. Ich werde mir aus sämtlichen Plastiktüten einen Regenmantel basteln, einen Sonnenhut hab ich ja dabei, mal sehen, ob der auch wasserdicht ist. Ich schnappe mir mein Handy und hoffe, dass ich hier ins Internet reinkomme, um mir die Landkarte anzusehen. Gottlob es klappt, und eigentlich hätte ich es mir sparen können, denn da ist schon ein Hinweisschild nach Paestum. Ich wollte diese großartigen Ausgrabungen schon immer sehen, und selbst wenn Bruno schon unzählige Schulausflüge als Kind dorthin machen musste, kommt er heute nicht daran vorbei. Im Gegenteil, wenn er schon dort war, sparen wir uns den Cicerone, und er kann mir alles erklären. Ist doch fein, oder?

Der Weg zieht sich, und welche Abfahrt wir nehmen müssen, erschließt sich uns auch nicht so richtig. Bevor wir jedoch zu weit fahren, nimmt Bruno eine Abfahrt, die, so weiß er, in die Nähe von Paestum führt. Wieder verfluche ich, dass wir keine Landkarte haben und auf diese miserablen Ortsschilder angewiesen sind.

Um Brunos Nationalstolz ein wenig anzukratzen, posaune ich nun ihm mein altes Schulwissen entgegen. »Es ist ja wirklich toll, was die Griechen da vor fast 3000 Jahren errichtet haben, gell, *amore*. Erinnerst du dich an die Ausgrabung des Grabmals vom Turmspringer? Irre, diese exakte Darstellung eines Menschen, der einen eleganten Kopfsprung von einem hohen Holzgestell ins Wasser macht. Ich will auch unbedingt die dorischen Tempel von Poseidon und Athena sehen, und es soll doch auch noch einer von Neptun stehen, und das Gymnasium mit seinen Sportanlagen, und das Amphitheater.« Aber Bruno grinst nur und freut sich, dass ich mich so für seine Kultur begeistere. Er erzählt mir, dass er als Kind mit seinen Eltern in einem kleinen See in der Nähe der Quelle des Flusses gebadet hat, und wenn der Regen aufgehört hat, könnten wir dort Picknick machen. Das klingt himmlisch und steigert meine Euphorie.

Dann kommt er doch nicht umhin, seine Vorfahren ins rechte Licht zu setzen. »Sorry, aber wenn du hier viel ursprünglich Griechisches sehen willst, muss ich dich enttäuschen, denn die haben hier noch nicht mal 100 Jahre alleine gelebt.« Während wir den verwirrenden Schildern folgen und etliche Male wieder umkehren, stelle ich mir vor, wie damals die vertriebenen Dorier sich mit ihren Barken auf dem Seeweg von Griechenland nach Sizilien gemacht haben und durch die gefährliche Straße von Messina segelten. Seekarten gab es ja nicht, und sie konnten nur mit dem Wind navigieren und mussten sich auf die Strömungen einlassen. Nicht auszudenken, wie viele auf die Felsen unter Wasser gestoßen sind und jämmerlich dabei ertranken. Ich muss an die vielen Flüchtlinge denken, die Woche für Woche seit nunmehr Jahren auf ebenso abenteuerlichem und zugleich hoffnungslosem Weg übers Meer nach Lampedusa kommen. Im Gegensatz zu den Doriern werden sie nun in Auffanglager gepfercht, um wieder abgeschoben zu werden. Dort entsteht kein neues Kulturerbe, dort herrscht das pure Elend. Völkerwanderungen gab es seit Beginn der Menschheit, daran ist nichts Verwerfliches. Menschen, die sich für sich und ihre Familien ein besseres Auskommen erträumen. Unsere Welt jedoch ist klein geworden, und Orte, an denen man sich neu ansiedeln kann, gibt es zwar, aber es müsste viel Infrastruktur entwickelt werden, damit man dort überleben kann. Vor kurzem habe ich gehört, dass sich über 200.000 Menschen für ein niederländisches Projekt auf dem Mars beworben haben. Geplant ist, ab 2025 zunächst 24 Menschen mit einem Onewayticket zum Mars zu fliegen, die dort mit der Besiedelung beginnen sollen. Für mich ist das nichts, dafür bin ich dann zu alt.

Endlich ist der Parkplatz der Ausgrabungsstätte Paestum ausgeschildert. Doch was ist das? Die Zufahrtstraße ist gesperrt. Wir wundern uns, weil nur einige wenige Autos unterwegs sind. Aber das schreiben wir dem schlechten Wetter und der Jahreszeit zu. Wenig später sind wir klüger. Scheinbar sind Teile der Mauer und des Eingangsbereiches eingestürzt und das Gelände wird weiträumig abgesperrt. Brunos Medium hatte doch recht! Wieso konnten die Mauern nicht nach unserem Besuch zusammenbrechen? Ich bin wütend und enttäuscht. Ist schlechtes Wetter nicht schon Ärgernis genug in diesem schönen Land, wo ich mich so auf ein tägliches Bad im Meer gefreut habe?! Und in München herrscht strahlender Sonnenschein bei 21 Grad. Altweibersommer pur oder typisch Wies'nwetter!

Es bleibt uns nichts anderes übrig, als unsere Reise fortzusetzen. Bruno hat einen Platz im *Camping Thurium* ganz in der Nähe der Stadt Corigliano Calabro gebucht und vertröstet mich auf eine wunderschöne Altstadt mit Burganlage. Gut und schön, aber ich hätte doch gerne beides gehabt. Hoffentlich steht der Campingplatz nicht unter Wasser. Man weiß ja nie.

Unterwegs decken wir uns wieder einmal in einer unglaublich romantischen Raststätte mit zwei Stück Pizza ein. Kurz vorher hat ein Reisebus aus Neapel seine schwatzenden, unsäglich lauten Passagiere in das kleine Bistro geschickt, an der Theke ist der Krieg ausgebrochen, und man kämpft mit allen Mitteln um die besten essbaren Teile. Lustlos wende ich mich ab und will gehen, aber Bruno meint, wir würden so schnell an keiner anderen Raststelle vorbeikommen, und tanken müssten wir auch.

Die nächsten Stunden verbringen wir gemütlich im warmen Wohnmobil, der Regen hat nachgelassen, und hin und wieder sieht man ein Stückchen blauen Himmel, was unsere Laune hebt. Abwechselnd fahren wir durch ein Stück bayrisches Voralpenland, dann durch die sanften Hügel einer Schweiz mit gelben Strohballen auf den Feldern, hin und wieder ist die Landschaft ganz flach mit schroffen Felsen und erinnert mich an die Bretagne oder an Cornwall. Immer wieder staune ich darüber, wie grandios vielfältig ein Land sein kann. Italien bietet so viel Unterschiedliches, und doch ist es irgendwie unverwechselbar. Um vom Mittelmeer zur Adria zu fahren, musst du über den Apennin, und diese Bergkette zieht sich bis tief in den Stiefel hinunter, und somit ist es nicht verwunderlich, wenn am Straßenrand Schilder auf Schneekettenpflicht im Winter hinweisen. Vor einigen Jahren bin ich einmal im Haus einer Freundin, das in der Toskana nahe Grossetto in den Bergen liegt, Ende März über Nacht vom Schnee überrascht worden. Wir hatten bereits die Sommerreifen aufgezogen, und draußen hatte es über Nacht 30 cm Neuschnee geschneit. Die Feuerwehr war zwei Tage damit beschäftigt, mit ihrer Schneeräummaschine die Straßen passierbar zu schaufeln, und da das Haus so abgelegen lag, kamen wir ziemlich zum Schluss dran. Wir haben jedenfalls zwei Tage lang Karten gespielt, die Konservenbüchsen, die wir noch hatten, verkocht und die Rotweinvorräte geleert.

Corigliano liegt an einer langen Einfallstraße, und es bedarf einiger Aufmerksamkeit, das kleine versteckte Sträßchen zum Campingplatz zu finden.

Am Eingang steht ein Häuschen mit Rezeption und einer sehr freundlichen Dame, die uns die Gebühr für Stellplatz, Wasser und Stromanschluss abknöpft und erstaunt ist, dass wir nur eine Nacht bleiben.

Wir fahren in das weite Gelände mit hohen Kiefern und Pinien und suchen uns ein Plätzchen inmitten einiger anderer Camper aus, um ein bisschen Anbindung zu haben und gleichzeitig, falls wir mit etwas nicht klarkommen, fragen zu können. Fast alle Wohnwagen und Camper stehen am Sicherheitszaun zum Strand mit Blick zum offenen Meer. Ich bin begeistert und beschließe trotz Nieselregens schwimmen zu gehen, während sich Bruno, der zu dieser Jahreszeit sowieso nicht mehr ins Meer geht, um Strom und Wasser kümmert. Und das Klo müsste er auch unbedingt reinigen, sagt er und zeigt mir oberprofimäßig das Desinfektionsmittel und Gummihandschuhe. Ich werfe mich in meinen Badeanzug, nicht ohne Bruno tüchtig zu loben, wie grandios er mittlerweile den Camper fährt und auch noch so viel Verantwortung für ihn übernimmt. Das macht den Hausmann glücklich und mich auch, denn nun kann ich mich ruhig ein bisschen ausklinken und etwas für mein Wohlbefinden tun.

Vor mir erstreckt sich ein kilometerweiter weißer Sandstrand mit türkisfarbenem Wasser. Eine Gruppe angelnder Männer kann ich in einiger Entfernung ausmachen, und ich beschließe, erst einmal einen Spaziergang am Meer zu machen. Ich rolle mein Handtuch ganz klein zusammen und lege es in einen Rettungsring, der an einem Mast hängt. Dort ist es etwas vor dem Regen geschützt.

Der Sand ist vom Meerwasser und Regen so hart, dass ich im Walkingtempo laufen kann, so wird mir warm, und ich tue auch etwas für meine Fitness. Tief atme ich die Seeluft ein, und ehe ich mich versehe, bin ich ein gutes Stück gelaufen. Ich drehe um, um auf halber Strecke ins Meer zu gehen und den Rest des Weges schwimmend hinter mich zu bringen. Wie zu erwarten, ist das Meer sicher zehn Grad wärmer als die Luft, ich fühle mich wie in der Badewanne. Zügig schwimme ich, während ich den Tag Revue passieren lasse, beobachte die angelnden Herren, von denen einer sehr deutsch aussieht und mit kurzen Hosen und Sweater im Wasser steht. So etwas würde ein Italiener nie tun, höchstens bei 40 Grad im Schatten.

Als ich wenig später aus dem Wasser steige, stehen zwei Frauen am Ufer und sprechen mich an. Sie fänden es ja ganz toll, wie lange ich geschwommen sei, das Meer wäre ja wirklich noch ganz herrlich. Sie hätten uns ankommen sehen und würden sich freuen, so nette Nachbarn bekommen zu haben, und ob wir denn auch den Winter hier verbringen würden, dann könnte man sich ja öfter treffen. Sie hießen Margot und Hanne, kämen beide aus Bielefeld. Wir müssten auch keine Sorge haben, sie wüssten zwar genau, wer wir sind, ›isch abe gar kein Auto‹, aber sie wären keine *paparazzi* und würden uns auch nicht belästigen. Diesen Wortschwall zu unterbrechen, ist gar nicht so einfach, und so lasse ich sie erst mal zu Ende reden, um ihnen dann mitzuteilen, dass wir bereits morgen wieder weiterfahren.

»Oh, wie schade, aber wenn Sie Lust haben, würden wir Sie morgen früh auf ein Frühstück einladen, wir sind der Wohnwagen mit dem kleinen Vorgärtchen und den Blumenkästen«, sagt eine der beiden, Hanne, wenn ich richtig verstanden habe.

Ich bedanke mich, verspreche, es mir zu überlegen, aber nun müsste ich mich beeilen, denn wir wollten uns noch die Altstadt und die Burg ansehen und dort irgendwo gemütlich zu Abend essen.

»Na mit den Restaurants in der Altstadt sieht es schlecht aus, da gibt's nichts außer 'ner kleinen Trattoria, und mit 'nem Camper hochfahren geht eh nicht, man muss unten parken und dann hochlaufen. Auf der Hauptstraße unten ist ein ganz gutes Lokal. *Il Mulino* liegt etwas versteckt in einer Obstplantage, ihr müsst vor der Brücke links abbiegen und dann durch die Plantage fahren, aber das findet ihr schon«, sagt die andere. Ich bedanke mich freundlich für die Tipps und sause zum Wohnmobil, um ganz schnell heiß zu duschen.

Das geht aber nicht, angeschlossen hat Bruno den Wasserschlauch zwar, und Strom hat er auch, aber der Boiler muss sich erst aufheizen, und das dauert. Na gut, dann dusch ich halt in den Duschanlagen, ich werde sie schon finden, und renne los. Kann ich etwas dafür, wenn das warme Wasser so knapp bemessen ist? Nach Brunos Meinung: ja!

Als mir endlich wieder warm ist, steht Bruno bereits ausgehfertig vor dem Wohnmobil und drängt zur Abfahrt. Er will mir die Burg noch bei Tageslicht zeigen, vielleicht, so hofft er, sogar bei Sonnenuntergang. Süß, der Träumer. Ich steige in meine einzige Hose und mein wärmstes Sweatshirt, schnappe mir den Wollmantel, und wir zwei Kulturbeflissenen machen uns auf den Weg.

Corigliano ist enorm weitflächig in der Ebene und ein spitzes kleines Hütchen mit der obligatorischen Ringstraße im historischen Teil. Ich erzähle Bruno von meiner Begegnung am Strand und was die beiden Damen gesagt haben, aber er tut es als touristisches Papperlapapp ab und lässt sich nicht dazu bewegen, unseren Camper auf einem der großen Parkplätze abzustellen. Nicht nur, dass er die Verbotsschilder für Lastwagen und Camper ignoriert, ebenso fährt er an dem Schild *ultimo parcheggio* (letzte Parkmöglichkeit) vorbei, und dann sind wir drin im Verderben. Es dauert immer lange, bis Bruno merkt, dass er einen Fehler gemacht hat, aber viel schlimmer ist, dass sein Sturkopf es nicht einsieht. Somit gibt er nicht auf, selbst wenn die Lage bereits hoffnungslos ist. Nachdem er sich unter viel Gehupe seinerseits und auch der entgegenkommenden Autos der Burg entgegengeschraubt hat und wir auf einem kleinen Platz angekommen sind, wo es zumindest die Möglichkeit gäbe, umzudrehen und wieder hinunterzufahren, will er unser Monster in eine Seitengasse an die Hausmauer quetschen.

»Selbst wenn dir das gelingt, da kommt doch nicht mal mehr eine Ape vorbei, geschweige denn ein Auto«, versuche ich es meinem Esel auszureden. Aber was er tun will, muss er tun und fährt mit dem uns noch verbliebenen zweiten Rückspiegel an die Mauer. Anstatt endlich klein beizugeben, bleibt er mitten in der Gasse stehen und sieht sich den Kratzer an, dann soll ich nach hinten krabbeln und ihm einen Lappen aus dem Spülbecken geben, damit er den Kratzer polieren kann, der wäre nämlich sicher nicht so schlimm. Ich beginne an Brunos Zurechnungsfähigkeit zu zweifeln. Hinter uns hupt es, und außerdem fängt es gerade wieder an, heftiger zu regnen.

»Steig jetzt sofort ein, und lass uns wieder runterfahren«, schreie ich aus dem Seitenfenster. Er ignoriert mich und poliert weiter. Jetzt reicht es mir! »Wenn du nicht sofort reinkommst, setz ich mich ans Steuer und fahre los, und du kannst zu Fuß in dein blödes Thurium latschen, und glaub ja nicht, dass ich unterwegs umdrehe und dich aufgable«, brülle ich hinaus. Da er immer noch keine Anstalten macht aufzugeben, setze ich mich tatsächlich ans Steuer. Das wäre ja gelacht, wenn ich so ein Wohnmobil nicht auch in den Griff bekommen würde. Ich lege den Vorwärtsgang ein, kkkrrrrach, löse die Handbremse, verflixt, hat er das Ding angezogen, und rolle vorsichtig nach vorne. Bruno springt zur Seite. Ich rolle noch ein paar Meter, um ihm zu zeigen, dass ich meine Drohung wahr mache, da reißt er die Fahrertür auf und schreit »Stopp!«. Abrupt bleib ich stehen. »Setz dich auf deinen Platz«, heischt er mich an, und brav folge ich seiner Anweisung. Die nächsten Minuten schweigen wir beide. Bruno ist mit der Abfahrt beschäftigt und sicher genauso stinkig auf mich wie ich auf ihn. Ich hüte mich, ein Wort zu sagen. Er ist hoch gekommen, dann kommt er auch wieder runter. Bravo, und die Burg haben wir auch nicht gesehen, weder ohne noch mit Sonnenuntergang. Von einer Trattoria war weit und breit nichts zu sehen, also hatten die Damen recht.

Unten fährt Bruno auf den Parkplatz. Ich frage mich, ob er jetzt tatsächlich zu Fuß zur Burg laufen will. Mittlerweile ist es stockdunkel. Bruno holt die Taschenlampe aus dem Handschuhfach und schaut sich wieder den Kratzer an. »Spießer«, denk ich laut. Dann setzt er sich wieder ans Steuer.

»Gehen wir jetzt was essen, oder ist dir der Appetit vergangen?«

»Nein«, entgegne ich, »ich würde sehr gerne etwas Gutes essen, und die Damen haben mir einen Tipp gegeben, wir müssen das Restaurant *Il Mulino* nur finden.«

Mit dem Finden ist es dann auch nicht so einfach, aber nach mehrmaligem Fragen stoßen wir tatsächlich auf ein Hinweisschild, das uns in eine Obstplantage führt.

Unterwegs fragen wir noch einmal einen alten Mann auf einer Vespa, der uns sagt, wir seien auf dem richtigen Weg, nur sollten wir unbedingt vor einer Unterführung parken und den letzten Rest Weg zu Fuß bestreiten. Unser Wohnmobil holpert auf dem Weg von einem Schlagloch ins nächste. Hoch auf spritzt das Pfützenwasser, dass es eine Freude ist. Draußen ist tiefste Nacht, nur unsere Scheinwerfer erhellen den Weg. Gerade noch rechtzeitig sehe ich vor uns die Unterführung, bevor Bruno versucht hindurchzufahren. »Lass mich aussteigen, ich schau mal, ob das geht«, sage ich copilotmäßig. Nach kurzem Abschätzen bin ich froh, dass wir angehalten haben, denn wir hätten eindeutig ein Dach weniger und müssten von nun an im Regen schlafen. »Stell dich einfach da an die Seite, und lass uns erst mal etwas essen, irgendwie können wir nachher schon umkehren, aber ich brauch jetzt unbedingt eine Stärkung«, bitte ich mein wieder milde gestimmtes Sturköpfchen. Im lustigen Pfützenslalom springen wir noch einige hundert Meter Plantagenweg und kommen dann, o Wunder, tatsächlich an ein schönes Restaurant. Es ist total leer, bis auf zwei einsame Kellner, die gelangweilt in einen Fernseher starren und Fußball schauen.

Si, certo, wir könnten hier zu Abend essen. Wir suchen uns unter den geschmacklosen mit Kunstblumen verzierten fünfzig Tischen den in unseren Augen noch gemütlichsten Tisch aus. »Was für ein Tag«, raunen wir uns versöhnlich zu, und das Neondeckenlicht legt tiefe Schatten unter unsere müden Augen.

4. TAG

Paestum – vor verschlossenen Toren
Bruno

»Hör mal, was in unserem Führer steht, mein Schatz: ›Damit der Urlaub ein voller Erfolg wird, sollte der ideale Reisebegleiter fröhlich und spontan sein. Außerdem hasst es jeder, der am Steuer sitzt, wenn man seinen Fahrstil kritisiert. Das veröffentlichte kürzlich ein berühmtes Forschungszentrum, das eine Umfrage über die Vor- und Nachteile von Reisegefährten durchgeführt hat.‹«

»Interessant, lass mal hören, was die sagen.«

»›Auf die Frage, welche Eigenschaft der Beifahrer am wichtigsten sei, haben sich die Befragten eindeutig geäußert: Die ersten Plätze gehen an Fröhlichkeit und Spontaneität‹ – also in aller Bescheidenheit, die habe ich –, ›denn für 31 Prozent der Europäer am Steuer ist es äußerst wichtig, fröhlich in den Urlaub zu starten.‹«

»Du kannst aber auch ganz schön nerven.«

»Ach hör schon auf, du Langweiler. ›Dann folgt Sympathie, die für 30 Prozent der Befragten wichtig ist, der ideale Beifahrer sollte dem Fahrer die Zeit mit angenehmen Gesprächen und unterhaltsamen Anekdoten vertreiben‹ – das kann ich auch. ›In diesem Fall erweisen sich die Frauen als offener: Wenn man nämlich nur Frauen befragt, steigt die Quote auf 34 Prozent.‹ Hast du verstanden?«

»So ein Unsinn gefällt dir, was?«

»Von wegen, das ist eine seriöse

Umfrage! ›Es gibt auch Menschen, die sich nur auf die Straße konzentrieren wollen und daher während der Fahrt Stille vorziehen, das sind 27 Prozent.‹«

»Manchmal kann ein wenig Stille ja nicht schaden!«

»Aber Folgendes sollte der Reisebegleiter unbedingt vermeiden, heißt es hier.«

»Jetzt sag schon!«

»›Die Mehrzahl der Befragten, das heißt 56 Prozent, geben zu, dass sie es überhaupt nicht ertragen, wenn ihr Fahrstil kritisiert wird, während 35 Prozent es hassen, wenn jemand drängelt. Auch wenn jemand während der Fahrt zu viel spricht, wird das nicht gern gesehen, das gilt vor allem für Handygespräche‹ – ich schalte meins immer aus, das betrifft mich also nicht, jetzt zieh nicht so ein Gesicht, ›26 Prozent können das überhaupt nicht leiden, und 24 Prozent können es nicht besonders leiden, wenn jemand ständig auf den Fahrer einredet.‹ Ach übrigens, rede ich eigentlich zu viel?«

»Nein, mein Schatz, ich habe es dir doch schon gesagt, du nervst nur manchmal.«

»Auf der schwarzen Liste stehen noch die Leute, die ständig Fragen stellen, mit 22 Prozent, die, die während der Fahrt schlafen, mit 16 Prozent, und Leute, die es ablehnen, den Fahrer auch mal abzulösen, mit sieben Prozent. Und was meinst du, wo würdest du mich einstufen?«

»Was hältst du von ein wenig Musik?«

Auf der Fahrt nach Paestum erzähle ich Jutta von Diomira, einem talentierten Medium, das direkt neben der

Ausgrabungsstätte wohnt. Vielleicht können wir sie ja besuchen, wenn ich uns kurz vorher telefonisch ankündige. Dann könnte sie uns die Zukunft vorhersagen und uns von dem Fluch, der anscheinend auf uns liegt, befreien! Was Miriam – so nennen sie die treuesten Kunden – von anderen Medien unterscheidet, ist die Tatsache, dass sie sich weder für ihre Dienste bezahlen lässt noch Werbung macht. Ich rufe gleich an, um mich zu erkundigen, ob sie für uns Zeit hat. Ihre Stimme klingt tief und geheimnisvoll, aber auch ein wenig spöttisch und weise.

»Heute kann ich wirklich nicht, mein Lieber, du weißt doch, dass du mich mindestens zwei Wochen im Voraus anrufen musst. Allerdings könnt ihr euch den Weg zur Ausgrabungsstätte sparen.«

»Warum?«

»Weil dort gerade eine Mauer einstürzt und man sowohl das Museum wie die Ausgrabungen vorübergehend schließen wird.«

»Wie schade! Ich hätte sie so gern Jutta gezeigt.«

»Sag ihr, dass sie das Fenster zumachen soll!!!«

»Was?? Entschuldige, kannst du etwas lauter sprechen, Miriam, ich kann dich nicht sehr gut verstehen, denn ich telefoniere beim Fahren über das Headset, und das funktioniert nicht so gut.«

»Sag deiner Freundin, dass sie sich nicht aus dem Fenster lehnen solllll!!!«

»Okay, ich werde es ihr ausrichten ...«, zu Jutta: »Sie hat heute keine Zeit für uns, aber sie sagt, dass du dich nicht aus dem Fenster lehnen sollst.«

»Weiß sie auch, dass du die Spiegel abgebrochen hast, dass Gennaro sie notdürftig wieder drangeklebt hat und dass ich sie ständig neu befestigen muss, weil sie sonst ganz weg sind?«

»Keine Ahnung, aber zumindest weiß sie, dass du eben das Fenster runtergelassen hast.«

Man muss ja nicht glauben, dass Miriam die Macht hat, durch pure Gedankenkraft einen Tisch zum Schweben zu bringen oder eine Uhr anzuhalten, aus dem Nichts Tauben herbeizuschaffen oder Sätze in einer fremden Sprache zu schreiben. Hier geht es schlicht darum, zu verhindern, dass Jutta mit dem Kopf gegen einen Laternenpfahl knallt oder dass ihr ein Meteorit auf den Kopf fällt!

»Vielleicht will sie uns ja warnen. Weißt du, sie hat wirklich diese Fähigkeit. Einmal war ich bei ihr, und ich habe gehört, wie sie Leuten, die mich begleitet hatten und die sie absolut nicht kennen konnte, Namen, Adressen und Begebenheiten aus ihrem Leben beschrieben hat. Also wenn ich du wäre, würde ich das Fenster sofort wieder schließen. Den Spiegel kannst du später noch richten.«

»Dann frag sie doch mal, wie ich heiße!«
»Jutta, bitte, nimm das ernst!«
»Schluss jetzt, wir fahren nach Paestum.«
»Angeblich können wir da nicht hin.«
»Und warum nicht?«
»Weil dort geschlossen ist oder besser gesagt, weil sie es gleich schließen werden ...«, zu Miriam: »Bist du noch dran? Meine Jutta möchte dich fragen, ob ...«

Jetzt klingt ihre Stimme mahnend wie aus einer tiefen Trance.

»ACHTUNG VOR DEM AAAAST!!!«
»Sie sagt, du sollst auf den ...«

Bruno: Hier hatten wir noch beide Außenspiegel. Aber man weiß ja, dass keine Reise so endet, wie sie begonnen hat.

Jutta: Das sollte eigentlich ein wunderbar sonniger Urlaub werden. Bruno sagt ja immer, dass in Kalabrien die Sonne das ganze Jahr über scheint.;-)))

Bruno: So entsteht eine köstliche Tomatensoße!

Jutta: Bruno, komm doch ins Bett, anstatt andere Leute in ihren Campern zu beobachten!

Jutta: Matera in der Basilikata ist eine wunderbare Stadt. Ich hätte ja gern ausgiebig fotografiert, aber irgendwie hat er sich immer wieder ins Bild gedrängt … So ein eitler Kerl!

Bruno: Ach, wie schön ist Gaeta! Was hältst du von einer schönen gemischten Fischplatte vom Grill?

Bruno: Jedes Mal, wenn der Wassertank geleert werden muss, ist sie eingeschlafen ... so ein Zufall!?!

Jutta: Wenn du den Reifen nicht allein wechseln kannst, dann lass uns doch bitte jemanden fragen, ob er uns helfen kann.

*Bruno:
Mamma mia,
ist das schwer …*

*… isch 'abe gar
keine Ahnung.*

Bruno: Meine Güte, wie oft hat sie denn heute geduscht?

… das hört ja gar nicht mehr auf!

Jutta: Ach, ich liebe ihn, obwohl er keinen Reifen wechseln kann.

Bruno: »Liebe besteht nicht darin, dass man einander anschaut, sondern dass man in dieselbe Richtung blickt.«

(Antoine de Saint-Exupéry)

Nach elf Jahren stehen wir wieder in Massa Lubrense, nahe der Amalfi-Küste, vor der Treppe, wo wir uns zum ersten Mal geküsst haben.

KRACH!

Zum Glück hat sich Jutta kaum nach draußen gelehnt. Ein großer Ast ist gegen den Spiegel geknallt, so dass dieser in hohem Bogen über die Straße geflogen ist. Jetzt ist er endgültig weg. Jutta ist sofort zurückgewichen, und wenn da nicht der Sicherheitsgurt gewesen wäre, hätte sie sich an mich geklammert.

»Also, fahren wir jetzt endlich nach Paestum?«

...

Als wir in Corigliano ankommen, regnet es mal wieder. Jutta hält dies jedoch nicht davon ab, schwimmen zu gehen. Ich mache mich lieber nützlich, was Jutta offenbar verwundert:

»Was machst du denn da mit den Wegwerfhandschuhen?«

»Ich will den WC-Tank leeren.«

»Überprüf auch gleich mal den Wassertank, er ist, glaub ich, bald leer.«

»Wenn du immer stundenlang das Wasser laufen lässt, dann ist er natürlich schnell wieder leer.«

»Ich wasche mich nur, und das dauert nicht stundenlang, aber du könntest auch mal damit aufhören, dich zweimal am Tag zu rasieren.«

»Was hast du eben gesagt?«

»Ist doch wahr! Und hol bitte diese Dinger aus dem Gepäckraum, mit denen man den Camper stabilisieren kann. Mir tut alles weh, und das war das letzte Mal, dass ich krumm und schief geschlafen habe.«

»Die Dinger heißen Ausgleichskeile, Jutta, und wenn du richtig gut schlafen willst, dann müssen wir auf einem ordentlichen Campingplatz übernachten und nicht auf einem Parkplatz. Außerdem brauchen wir jetzt erst mal Strom, sonst kannst du das warme Wasser vergessen.«

»Das schöne Obst!«

»Was hat denn das Obst damit zu tun?«

»Wenn wir keinen Strom mehr haben, müssen wir demnächst alles aus dem Kühlschrank wegwerfen. Hast du daran mal gedacht, Bruno?«

»Ach ja, stimmt, dann beeil ich mich.«

»Wo du schon mal dabei bist, bring doch gleich den Müll weg.«

»Ich schau mal, was ich tun kann. Plastikverpackungen und Glas sollst du sowieso in diesen kleinen Küchenschrank tun. Die Tüte kann ich nicht mehr sehen, jedes Mal beim Ein- und Aussteigen rennt man dagegen.«

»Aber die Flaschen passen nicht unters Spülbecken. Hast du nicht gesehen, wie wenig Platz da ist?«

»Jutta, du musst immer das letzte Wort haben!«

»Warum kaufst du nicht einen stinknormalen Treteimer, den wir dann hinters Sofa stellen? So einen wie im Bad? Ach ja! Noch etwas, wenn du morgens Kaffee machst, lass doch den Satz nicht mehr im Filtersieb, das ist eklig!«

»Fragmente einer Sprache der Liebe ...«, spiele ich auf den Philosophen Roland Barthes an.

»Was meinst du damit?«

»Ach nichts, ich trinke meinen *caffè* dann gleich in der Bar.«

»Ausgezeichnete Idee, das ist die beste Lösung. Gerade fällt mir ein, bei IKEA verkaufen sie doch diese grauen Treteimer, die man mit doppeltem Klebeband befestigen kann. Das ist ein deutsches Fabrikat und kostet um die zehn Euro, soweit ich mich erinnere.«

»Und wo finde ich hier einen IKEA, meine liebe Jutta?«

»Du musst bloß fragen. Ich gehe jetzt. Ciao, bis später.«

Aufgabe Nummer eins: Ich hole das Stromkabel hinter der Klappe neben dem Gepäckraum hervor. Hoffentlich reicht es bis zur Elektrosäule, Pi mal Daumen sollte es gerade so gehen. Ich rolle das ganze Kabel ab und stecke den Stecker in die Dose. Um zu vermeiden, dass jemand über das Kabel stolpert, lege ich es über einen Plastikstuhl, den ich in die Mitte gestellt habe.

Aufgabe Nummer zwei: das Entleeren des WC-Tanks. Ich muss sagen, es ist schon eine Erfahrung der besonderen Art, damit über einen Stellplatz zu laufen, auch weil man ihn nicht so einfach wie einen Trolley hinter sich herziehen kann. Ich balanciere ihn vielmehr mit ausgestreckten Armen vor mir her. Das ist tatsächlich die einzige Möglichkeit, diese Aufgabe mit einem Rest von Würde zu verrichten, die allein der Herzog von Windsor mit entsprechender Eleganz erledigen könnte. Auf der Toilette stoße ich auf eine missmutige Kassiererin, die vor einem Tellerchen mit Münzen lauert. Allerdings habe ich mein Kleingeld im Camper gelassen, und um keine Zeit damit zu verlieren, noch einmal hin und her zu laufen, versuche ich den alten Trick, wie man auch ohne passendes Kleingeld den Anschein erweckt, seinen Obulus zu entrichten. Ich fahre mit der Hand schnell über die Münzen auf dem Tellerchen und wirbele sie ein wenig durcheinander, das klimpert dann genauso, als hätte ich etwas dazugelegt, und ich ernte sogar ein »Danke« von ihr, das ich mit einem lakonischen »Bitte!« erwidere.

Aufgabe Nummer drei: Wasser auffüllen. Hmm, aber wie? Wie dumm von mir, daran hätte ich vorher denken sollen. Wie soll ich den Camper denn in die Nähe des Wasserhahns kriegen, wenn ich gerade erst das Kabel zum Aufladen der Batterien an die Elektrosäule angeschlossen habe? Ich muss mir etwas überlegen. Ach, hab's schon! Ich nehme den 20-Liter-Ersatzkanister aus dem Camper, transportiere ihn auf einem Rollwagen, dann verwende ich die 12-Watt-Tauchpumpe und verbinde diese mit einem Gummischlauch, der lang genug ist, um damit bis zur Tanköffnung zu kommen. Jetzt brauche ich nur noch ein Verlängerungskabel mit Schalter zum Ein- und Ausschalten (das findet sich ebenfalls in der Ausstattung des Campers), und schon ist alles geritzt! Jutta wäre stolz auf mich.

Und während Jutta es nicht lassen kann, im Regen schwimmen zu gehen, schnappe ich mir meinen Schirm und gehe in die Bar. Die ähnelt eher einem Gemischtwarenladen, in dem es alles zu kaufen gibt, von fantastischen Fertigsoßen über die Gaskartuschen (anscheinend gehen die immer in der Nacht aus, wenn es regnet oder man gerade die Nudeln ins Wasser gegeben hat), aber auch Windeln, Seife und Putzmittel. Das hausgemachte Holzofenbrot aus bestem kalabrischen Weizen hat es verdient, eigens erwähnt zu werden, denn es schmeckt köstlich. Die Mädchen hinterm Tresen sind schnell und sehr sympathisch und mit Freude bei der Arbeit, was einen immer sehr berührt (so dass man ins Grübeln kommt, wie schön es doch wäre, wenn alle für ihre Region mit so viel Überzeugung und Fröhlichkeit werben würden). Sie sind beide wie Hexenweiblein gekleidet, das heißt, sie tragen diese Hüte mit langen, welligen Krempen wie eben die Hexen zu Halloween (obwohl es bis zum 31. Oktober noch mehr als drei Wochen hin sind). Und sie verteilen gratis ein Produkt, das auf einem riesigen Schild angepriesen wird: »Lubjanka die feine – der Besen, den ich meine! Saugt überall, auch an den schwierigsten Stellen. Ideal für jeden Camper.« Sie drücken jedem so einen Staubsauger in die Hand, nur mir nicht. Daher baue ich mich direkt vor dem Schild auf und studiere es so aufmerksam, bis sie mir auch einen geben müssen. Dann erklären sie mir, dass man den Beutel nach Gebrauch abzieht und wegwirft und dass man hier im Laden Nachfüllpackungen zu zehn Stück erwerben kann. Das war ja zu erwarten, auf dieser Welt gibt es ja nichts umsonst! Ich will gerade mit meiner Lubjanka unterm Arm den Laden verlassen, als ich zwei Paare sehe, die eine ähnliche Taktik anwenden: Vor dem Laden trennen sie sich ganz bewusst, holen sich je einen Besen ab, und gleich darauf treffen sie sich wieder draußen mit einem spöttischen Grinsen auf den Lippen. Das mag man lässig finden, weil wir Italiener ja gern mal tricksen (schließlich habe ich mich ja auch nicht anders verhalten, als ich auf der Toilette so getan habe, als hätte ich etwas Kleingeld gegeben), weniger lustig finde ich die Tatsache, dass wir uns, sobald es irgendwo etwas umsonst gibt, in gierige Monster verwandeln.

Am Ausgang des Ladens gibt es noch ein Kinderparadies (Zutritt für Erwachsene verboten), wo Kinder mit Spielgeräten herumtoben, die extra so konstruiert sind, dass man sich damit nicht verletzen kann, doch dann hauen sie so heftig aufeinander ein, dass es schließlich doch richtig weh tut. Weiter hinten ist der Raum mit den Videospielen, wo viele Menschen, Kinder wie Erwachsene, hektisch auf jeden schießen, der mal rechts, mal links oder in der Mitte vom Bildschirm auftaucht. Und hier lerne ich einen Camper aus Leidenschaft kennen.

»Angenehm, Pino Curto mein Name. Ich habe gerade beobachtet, dass Ihre Frau schwimmen geht. Also um diese Uhrzeit und bei dem Wetter muss sie wirklich sehr mutig sein!«

»Nein, sie ist Deutsche!«

»Ach so stimmt, ich glaube, ich habe gehört, wie Sie sich unterhalten haben.«

»Machen Sie auch Urlaub hier, Signor Curto?«

»Ich lebe hier in Thurium.«

»Wie interessant.«

»Zuerst habe ich auf einem anderen Campingplatz gestanden, aber da gab es nicht diesen wunderbaren Strand, und zum Müllentsorgen musste man kilometerweit laufen. Wenigstens hatte ich mein Fahrrad dabei! Hier ist es bequemer und alles gut zu erreichen, und außerdem geht nichts über Corigliano. Und Sie? Sind Sie zum ersten Mal hier?«

»Ja, schade, dass das Wetter so schlecht ist.«

»Ach, was macht das schon? Gehen Sie ein wenig im Ort spazieren oder tauchen. Oder besichtigen Sie das Castello Ducale, und essen Sie im *Il Mulino*. Der Besitzer ist ein Freund von mir. Fragen Sie ihn, ob er Sie *ciciri*, Kichererbsen probieren lässt.«

»Vielen Dank für die Tipps!«

Ich gehe wieder zum Camper, wo Jutta mir erklärt, dass sie jetzt duschen geht. Während ich ein bisschen herumräume und meine Lubjanka im Schrank verstaue, klingelt das Handy in meiner Hosentasche.

»Ich bin an der Rezeption. Kannst du bitte in deiner wunderbaren Landessprache diesem reizenden Fräulein hier klarmachen, dass mir in der Dusche das warme Wasser ausgegangen ist und dass ich keine Pfandmünzen mehr habe und dass mir irre kalt ist?«

Falls jemand es nicht weiß: Auf Campingplätzen muss man für eine warme Dusche bezahlen, normalerweise kostet so eine Pfandmünze einen Euro. Das heißt, man hat in etwa 21 Liter warmes Wasser zur Verfügung, das man dann mit kaltem mischt, daher bleibt eigentlich immer etwas übrig. Jutta hat bloß eine Münze gekauft, da wir morgen schon wieder weiterfahren. Doch Juttas Duschen können bekanntlich länger dauern. Als sie sich das vierte Mal einseifte, ertönte dann das fatale KLONG und bescherte ihr eine eisige Überraschung. Das sind die Momente im Leben, wo auch ein Buddhistenmönch sein Schweigegelübde brechen und laut losfluchen würde. Anders Jutta. Sie kann immer die Ruhe bewahren, das heißt, sie schreit, und das war's.

Ich laufe also zur Rezeption.

»ERKLÄR DER DA, DASS ICH MIT EISWASSER DUSCHEN MUSSTE!!!«

Eilfertig kommt bereits der Geschäftsleiter herbei, der sehr gut deutsch spricht und sich tausendfach entschuldigt. Aber wofür denn? Ist es vielleicht seine Schuld, wenn Jutta beim Duschen kein Ende findet?

»Du hast dich eben in der Zeit verschätzt. Ich verstehe auch gar nicht, warum du nicht im Camper geduscht hast. Der Wassertank ist doch wieder voll!«

Ich will jetzt nicht sagen, dass ihre Reaktion unangebracht und übertrieben war. Plötzlich unter eiskaltem Wasser zu stehen, gefällt natürlich niemandem. Doch die Sache mit der Pfandmünze zeigt, dass sich Jutta für bestimmte Dinge einfach nicht zuständig fühlt. Sie glaubt sogar, dass es mit Absicht oder böswillig geschah. Als ich ihr nun zu erklären versuche, dass den Campingplatz keine Schuld trifft, wenn das Warmwasser nur für eine bestimmte Zeit verfügbar ist, lese ich in ihren Augen die Frage, auf die ich in all den Jahren keine Antwort gefunden habe: »Und wer hat dann Schuld?« Na ja, die Antwort darauf hieße: »Du.« Aber wäre sie daraufhin nicht beleidigt? Doch wir wären nicht wir, wenn wir nicht auch darüber lachen könnten!

Als ich an diesem Morgen meinen Kaffee getrunken habe, ist mir wieder einmal klargeworden, was für ein Glückspilz ich bin, dass ich Jutta getroffen habe. Es war der Moment, als ich statt des gelben Topflappens, mit dem ich sonst immer den Griff der Cafettiera anfasse, um mich nicht zu verbrennen, ihre Wollsocke in der Hand hielt. Wie reizend! Mit der Socke zwischen spitzen Fingern bin ich zur Duschbox gegangen und habe sie gefragt:

»Guck doch mal! Was hat das denn am Küchenhaken zu suchen?«

Sie hat die Schiebetür beiseitegeschoben und den Kopf leicht geneigt. In der Hand hielt sie ein tropfendes Etwas. Doch das war nicht der Rosshaarhandschuh und auch nicht das Schwämmchen zum Verteilen des Duschgels. Nein, es war der gelbe Topflappen. Die Socke baumelte noch in meiner Hand, und wir mussten gleichzeitig loslachen. In diesem Moment habe ich wieder gedacht, wie wichtig doch Humor für eine Beziehung ist. Und während ich meinen Kaffee trank, habe ich überlegt, dass wahrscheinlich genau das das Geheimnis unserer Liebe ist.

Welche Frau ohne Sinn für Humor würde es wohl mit einem Faulpelz wie mir aushalten? Dass ausgerechnet ich sie erobert habe, die mir das Skilaufen beigebracht hat und mit mir mit dem Fahrrad über die Alpen gefahren ist, während ich ihr noch klarzumachen versuchte, dass ich mit sportlich interessiert meinte, dass ich gern die Fußball-WM im Fernsehen angucke und vielleicht ab und zu mal ein paar Bahnen durchs Schwimmbad ziehe, war ein Geschenk des Himmels. Welche humorlose Frau hätte jemals dem Mann vergeben, der sie so schamlos angelogen hat? Der jeden Tag so getan hat, als beherrschte er ihre Sprache, nur um an ihrer Seite spielen zu dürfen?

Und so kehren wir später am Abend bei einem guten Glas Rotwein und einem wunderbar dampfenden Teller Tagliatelle mit Kichererbsen, nein *ciciri*, im *Il Mulino* zu unseren Anfangstagen zurück, zu unserem ersten gemeinsamen Film, der vielleicht nicht zufällig »Das schönste Geschenk meines Lebens« heißt.

5. TAG

Neue Bekanntschaften und die Reise nach Matera
Jutta

Am nächsten Morgen haben sich alle Wolken verzogen. Sowohl die in unseren Köpfen als auch die am Himmel. Es verspricht ein strahlender Tag zu werden, und ob dieser Aussicht verschieben wir unsere Abreise und bleiben erst einmal hier, um den Strand und auch das Campingleben zu genießen. Zudem steckt uns der gestrige Tag noch in den Knochen, war er doch nicht ganz unanstrengend.

Mein Badeanzug lächelt mich auffordernd an und zieht mich förmlich ans Meer. Selbst Bruno lässt sich überreden mitzukommen, wenngleich er lediglich am Strand laufen will, aber das ist ja schon einmal was.

Als wir an der Kleingartenidylle der beiden deutschen Damen vorbeigehen, schallt uns ein fröhliches »Guten Morgen« entgegen und die Aufforderung, später auf einen Espresso vorbeizukommen. Bruno verdreht die Augen, und ich sage vage zu. Jetzt ist Schwimmen angesagt, und dann sehen wir weiter. Typisch Bruno, wenn das zwei Italienerinnen gewesen wären, stünde er jetzt neben den Gartenzwergen und hielte ein Dauerschwätzchen mit dem obligatorischen *caffè*, und der Vormittag wäre, eh man sich versieht, vorbei. So aber legt er einen Zahn zu und schaut, dass er weiterkommt.

»*Amore*, ich laufe jetzt den

Strand runter, und wir sehen uns später im Wohnmobil, ich hab den Schlüssel dabei«, und weg ist er.

Bei diesem Wetter zu schwimmen ist ein Hochgenuss. Heute erkenne ich das Ausmaß des Strandes. So weit das Auge blicken kann, weißer Sandstrand wie in der Karibik. Bestimmt Hunderte von Kilometern zieht er sich an der Küste entlang. Keine Hochhäuser oder Industriegelände stören den Blick. Also muss das Meer auch sauber sein, denke ich mir und tauche gleich noch lieber in den Fluten unter. Bruno, der zu den ganz gemütlichen Joggern zählt, wird zunehmend kleiner und kleiner, bis er nur noch als weit entfernter Strich auszumachen ist.

Da die morgendliche Sonne schon wärmt, beschließe ich nach dem Schwimmen am Strand ein wenig Yoga zu machen, denn noch ist von Bruno nichts zu sehen. Da er den Schlüssel hat, bleibt mir eh nichts anderes übrig, als mich im Sand zu tummeln.

Mittlerweile krabbeln mehr und mehr Camper aus ihren fahrenden Häusern. Meist ältere Herrschaften. Alle absolvieren sie ihr Programm. Die einen bauen sich ihre windgeschützte Tagesliegestelle mit halbrundem Windsegel, das an langen Leinen mit Heringen in den Sand geschlagen wird, andere haben Paddelboote dabei. Und dann gibt's die fröhliche Anglertruppe, die sich auf die kleinen Felsen am Strand platziert, in gebührendem Abstand natürlich, damit man sich nicht behindert und die Fische die Auswahl haben, welchen köstlichen Köder sie mit welchem tödlichen Haken verschlucken wollen. Die weibliche Gymnastikgruppe, zu der auch die beiden Damen gehören, darf natürlich nicht fehlen. Alle tragen sie Jogginganzüge oder

Shorts aus grellbuntem Material. Sie strecken Arme und Beine, klappen sich nach vorne in typischer Manier des Turnvater Jahn, dabei stöhnen und schwätzen sie, während ich versuche meine fünf Tibeter zu machen und einige Morgengrüße an die liebe Sonne zu schicken.

Als ich nach einer halben Stunde immer noch keine Spur von Bruno erblicken kann, lege ich mich auf mein Handtuch und überlege, wie ich jetzt wohl in das Wohnmobil kommen könnte, um mich anzuziehen und irgendwo zu frühstücken. Wer weiß, vielleicht läuft Bruno ja nach Apulien vor und hat mich ganz vergessen, oder aber er hält mal wieder ein Schwätzchen mit irgendeinem kalabrischen Fischer und trinkt mit ihm Espresso.

Mein Magen knurrt, und ich bin ein bisschen sauer auf ihn, er hätte den Schlüssel ja auch bei mir lassen können. Was soll's, es ist jetzt nicht zu ändern.

In diese Gedanken hinein kommen meine beiden Retterinnen nach ihrem Fitnesstraining erneut mit ihrer Frühstückseinladung auf mich zu.

»Na, der Bruno ist ja ein tüchtiger Läufer«, sagt Hanne in melodischem rheinländischem Singsang, »der scheint ja so schnell nit widderzugommen, da kannste ja in Ruhe mit uns frühstücken, jell.«

Da sage ich nicht nein! Schnappe mir mein Badetuch und trabe hinter den beiden her. Soll er mich doch suchen, wenn er zurück ist, der Schuft!

Margot, die korpulentere von beiden, scheint die Küchenchefin zu sein, denn eilfertig rennt sie ins Innere und beginnt zu werkeln. Hanne bietet mir einen Stuhl auf der Terrasse an und sagt, ich soll es mir ein paar Minuten gemütlich machen oder, wenn mir das lieber ist, in 15 Minuten wiederkommen, dann stünde alles bereit. Erst als ich erwähne, dass ich leider nicht in unser Wohnmobil hineinkäme, meint sie, dass ich dann doch erst mal duschen gehen sollte. Die Gute drückt mir einen Duschchip in die Hand und noch dazu ein trockenes Handtuch und Duschgel, und ich versuche erneut mein Glück mit der Campingplatzdusche. Irgendwann stehen meine Füße in einer großen Pfütze, da der Gulli verstopft ist. Den Grund dafür will ich gar nicht kennen, hab ich schon Sorge genug, mir Fußpilz einzuhandeln. Wenigstens hab ich kein Salz mehr auf Haut und Haaren.

Eingewickelt in das Badetuch kehre ich zurück in die Laubenidylle. Viel lieber wäre es mir, endlich in unser Wohnmobil gehen zu können, mich anzuziehen und in Ruhe in einer netten Trattoria zu frühstücken, aber unser Camper ist immer noch verwaist.

Hanne gießt gerade voller Hingabe alle Blumentöpfe und zupft vertrocknete Blätter ab. Sonnenstrahlen erhellen das Gärtchen, um das tatsächlich ein grüner ausziehbarer Holzzaun gezogen ist. Der Eingang ist ein Bogen aus Metall, verziert mit falschen Rosen und Efeu. In einer Ecke gegenüber der Sitzgruppe, bestehend aus einem Tisch und vier Stühlen, ist ein Kreis angelegt, wie ich ihn schon in japanischen Gärten gesehen habe. Darin liegen in einer geheimnisvollen Formation Muscheln, vom Meer abgerundete gewaschene Glasteile in Blau, Grün und Weiß, kleine von der Sonne gebleichte Holzstücke – bei allem Kitsch, der ansonsten hier vorrangig ist, ein besonderes Plätzchen.

Hanne bemerkt meine Aufmerksamkeit und sagt, hier würden sie und Margot täglich das I Ging befragen. Zur Sicherheit auch einmal die Woche die Tarotkarten. Sie hätten kein Internet und würden auch nur in Notfällen mal in Deutschland anrufen. Das I Ging würde ihnen alle wichtigen Informationen liefern. Wenn es brennen sollte, hätten ja die Hinterbliebenen die Telefonnummer vom Campingplatz, von dem sie sich in den vier Monaten sowieso nur stundenweise entfernten.

Jetzt bin ich aber baff. »Wie, Sie leben hier vier Monate, o mein Gott, was macht man denn hier so lange?«

»Das ist doch gar keine Zeit, die da drüben sind seit drei Jahren hier und nur einmal notgedrungen wegen eines Todesfalles nach Deutschland gefahren«, antwortet mir Hanne und deutet auf einen riesigen Wohnanhänger mit angebautem Zelt und Garten, vor dem ein Range Rover mit Bremer Kennzeichen steht. Außerdem würde man sich hier duzen. Damit streckt sie mir ihre Hand hin, und Margot tut es ihr gleich.

Nun muss ich aber noch mehr erfahren. »Gerne«, mischt sich Margot in unser Gespräch ein, »aber erst mal frühstücken wir«, und damit schaufelt sie eine Portion Rührei auf meinen Teller. Ich bekomme guten heißen Kaffee und aufgebackene Brötchen, selbst gemachte Marmelade, deutsche Butter, denn italienische wäre nicht essbar, deutschen Schinken und holländischen Goudakäse. Dazu italienische Tomaten, denn die wären fantastisch. Wenige Kilometer von hier hätte sich ein Italiener, der seine gesamte Kindheit in Duisburg verbracht hat, mit einer deutschen Supermarktfiliale angesiedelt, die so gut bestückt wäre, dass alle Camper aus der Region dort einkaufen würden. Sie würden zig Kilometer Fahrt in Kauf nehmen, bevor sie sich den Schrott in den italienischen Supermärkten andrehen ließen. Ich grinse still in mich hinein, vermute ich doch eher, dass die Deutschen, selbst wenn sie hier Jahre leben würden, lieber unter sich blieben, da sie über *Buon giorno* und *grazie* sprachlich nicht hinauskommen. Gerade in ländlichen Gegenden kann man preiswert sensationelle einheimische Produkte kaufen. Unübertroffen die Buden an den Straßen oder die Metzger in den Dörfern. Überall gibt es vorzügliche Pasta und riesige Theken mit den köstlichsten Käsen. Ich sage jedoch nichts, sondern pflichte ihnen nickend bei. Was mich jedoch brennend interessiert, ist, wie die beiden sich vier Monate Urlaub leisten können. Für mich ist eine Woche Freizeit schon Luxus. Was also tun die beiden in den restlichen acht Monaten? »Schuften«, antwortet Hanne. »Von früh bis spät in die Nacht.« Nun erzählen mir die beiden ihren Lebenslauf.

Sie wären seit neun Jahren ein Paar, beide haben sie sowohl Männer und insgesamt fünf Kinder hinter sich. Die Kinder sind erwachsen und gehen nun ihre eigenen Wege, die Männer haben sie in den Wind geschossen, zu viele Affären und Unzulänglichkeiten hätten den Alltag versaut. Margot hat eine Kneipe, die am Spätnachmittag öffnet und bis spät in die Nacht Anlaufstelle für einsame Seelen ist. Die betreibt sie nun seit Jahren gemeinsam mit ihrer Tochter, die auch singt und besonders in der Karnevalszeit für Stimmung sorgt. Da mischt Margot aber schon seit Jahren nicht mehr mit, sie hasst Karneval, und ihre Tochter schmeißt das Lokal mit ihrem Lebensgefährten ganz großartig. Weihnachten und bis zum 6. Jänner ist geschlossen, danach bis Ostern normaler Betrieb, und zur anschließenden Hochsaison ist sie dann da, und die Tochter macht Urlaub. Hanne, die schon zu Zeiten ihrer Ehe Stammgast in dem Lokal war, hat ihr über Jahre das Herz ausgeschüttet, und so ist man sich nähergekommen. Aus Freundschaft wurde Liebe, und man würde sich so wunderbar ergänzen, es könnte nicht schöner sein.

»Und du, Hanne, was machst du beruflich?«, frage ich neugierig. Hanne hat sich in den vorgezogenen Ruhestand versetzen lassen. Sie hat bei der Bahn gearbeitet und etliche Male erlebt, dass sich jemand vor den Zug geworfen hat. Nach dreimaliger Krisenintervention und Dauermigräne hat sie die Reißleine gezogen. Sie bekommt drei Viertel ihres Gehalts als Pension und ist bei Margot die Einkäuferin. Vormittags, wenn Margot schläft, fährt sie in die Großmarkthalle, liefert dann alles zur Kneipe, bereitet mit der Putzfrau das Lokal für den Nachmittag vor, dann weckt sie Margot. Die beiden essen immer gemeinsam zu Mittag und machen noch einen Spaziergang. Anschließend kocht Margot, und Hanne steht ab 20 Uhr am Zapfhahn. Sie sei absolut glücklich, und die Migräne ist sie auch los.

Ich bin beeindruckt von so viel wohlorganisiertem Teamwork.

Als wir drei Mädels so richtig drin sind im Schnattern, kommt mein Abtrünniger endlich angetrabt. Er hat sich natürlich überhaupt keine Gedanken gemacht, ob ich vielleicht frieren oder Hunger haben könnte. Wenn er mit etwas beschäftigt ist, kann er weder links noch rechts gucken. Erstaunlich, dass er mich überhaupt bei den beiden Ladys entdeckt hat. »*Amore*, ich hab doch gestern an der Bar diesen netten Mann kennengelernt, und nun hat er einen großen Fisch gefangen, den er mit uns in einer halben Stunde essen will, wir sind bei ihm am Wohnwagen eingeladen. Los, komm mit, und zieh dich mal an, du hast ja immer noch den Badeanzug an. Ist dir nicht kalt?«

Was soll man da noch darauf sagen?

Erst als er mich bittet, das Wohnmobil aufzuschließen, und ich antworte, dass mein Zeigefinger für das Schloss leider zu dick wäre, fällt ihm auf, dass er den Schlüssel selbst in der Tasche hat.

Während ich mich in meine obligatorischen Jeans zwänge und eigentlich weder Hunger habe noch Lust auf einen im Vorzelt gegrillten Fisch, erzählt mir Bruno etwas mehr von Pino Curto. Dann machen wir uns auf den Weg.

Nach dem in der Tat wohlschmeckenden Fisch bei Pino packen wir unseren Krimskrams zusammen, entkabeln unser Mobil, sagen den beiden Damen freundlich tschüs und machen uns auf den Weg nach Matera. Das ist die Hauptstadt der Provinz Matera, die zur Region Basilikata gehört. Bruno hat in der Nähe der Stadt einen Campingplatz gebucht, der malerisch in den Bergen liegen soll.

Unsere Reise führt einige Zeit über eine wenig befahrene Küstenstraße, und ich genieße es, einfach nur hinauszuschauen und nichts tun zu müssen. Bruno fährt, da es so gut wie keine Abfahrten gibt, völlig relaxt, und somit entsteht auch keine Missstimmung, wir hören italienische Schmachtfetzen im Radio, hin und wieder sage ich »aaah« oder »ooh«, wenn es etwas Interessantes zu sehen gibt, ansonsten verläuft alles recht unspektakulär.

Auf der Hälfte der Strecke nach Matera verlassen wir dann die Küste vorbei an kleineren Städtchen und kommen in eine immer hügeliger werdende Landschaft. Leider haben wir auch die Sonne hinter uns gelassen. Je weiter wir in die Berge kommen, desto grauer wird es um uns herum. Die schwarzen Wolken, die zwar noch in großer Entfernung am Himmel stehen, verheißen nichts Gutes, und inständig bete ich, dass sie sich weit ab von Matera ausregnen. Bruno hat mich auf diese Stadt so neugierig gemacht, dass ich es kaum erwarten kann, dort anzukommen. »*Amore*, so etwas hast du noch nie gesehen, da bin ich mir sicher. Venedig ist ja ein Wunder, aber Matera noch viel mehr«, hat er mir vorgeschwärmt. Ich habe noch nie von ihr gehört, aber Bruno tut das mit der unglaublichen Ignoranz der Tourismusverbände ab. Matera liege nun mal in der ärmsten italienischen Provinz Basilikata im sowieso ärmlichen Süditalien, und dahin würden sich die Touristen einfach nicht verirren. Das verstehe ich nicht. Erstens liegt es nicht allzu weit vom Meer entfernt, höchstens eine Stunde, außerdem ist die Landschaft überaus reizvoll.

»Das schon«, entgegnet Bruno, »aber hier ist absolut tote Hose, die Dörfer sind ausgestorben, die Alten, die dort nach dem Krieg noch lebten, inzwischen längst tot, und die Nachkommen haben das Land verlassen und auf der ganzen Welt Restaurants eröffnet, denn in dieser Gegend gibt es das beste Essen von ganz Italien.« Er zählt mir diverse Vorspeisen auf, die im Lokal ganz selbstverständlich auf den Tisch gestellt würden. Einfache, aber raffiniert hergestellte Kost. Heute Abend würde selbst ich ins Schwärmen kommen, prophezeit er mir.

Trotzdem, oder gerade deshalb, ist es mir absolut schleierhaft, dass scheinbar niemand Interesse daran hat, der Basilikata ein wenig unter die Arme zu greifen. Zumal gerade hier absolut keine Mafia lebt. Selbst für die ist der Landstrich zu uninteressant. Weit und breit keine Industrie, kein wichtiger Hafen, nur Felder, Berge und verlassene Bauernhöfe.

Als Bruno mir mitteilt, dass es nun nicht mehr weit bis Matera ist, liegen bereits verdächtige Nebelschwaden über den Feldern. Kurz bevor wir die Stadt erreichen, ist der Nebel so dicht, dass er mühelos einem Vergleich zu London im November standhalten kann. Zudem nieselt es, und ich frage mich, ob ich dieses angebliche Weltwunder überhaupt sehen kann.

Wir bleiben auf einem großen Parkplatz stehen, natürlich erst, nachdem Bruno auch hier versucht hat, so nah wie möglich an die für Wohnmobile und Busse verbotene Altstadt heranzukommen. Er ist und bleibt einfach unverbesserlich. Erst nach mehreren Protesten meinerseits und einem hinter uns herpfeifenden Polizisten gibt er klein bei und dreht um, fährt dann mehrmals ums Karree und stellt sich auf einen für Busse freigegebenen Parkplatz. Na hoffentlich schleppen sie uns nicht ab. »Quatsch«, meint er, das sei hier erlaubt. Ich soll nicht so schwarzsehen.

Wir wappnen uns, so gut es geht, mit Wollmantel,

Tuch und einer Mütze für Bruno gegen die Witterung und machen uns zu Fuß auf in die Altstadt. Noch sieht sie, soweit ich etwas erkennen kann, eher normal und unscheinbar aus. Es gibt eine hohe Mauer, hinter der sich, wie Bruno bestätigt, eine alte Burg verbirgt, aber um die ginge es nicht, die wäre nicht das Besondere an Matera. Gleich würde ich aus dem Staunen nicht mehr herauskommen, denn vor meinen Augen würde sich diese Stadt, die selbstverständlich auch zum UNESCO-Kulturerbe gehören und 2019 Kulturhauptstadt werden möchte, als Sensation entpuppen.

Ja, und dann stehen wir vor dem Weltwunder.

Nachdem wir auf einem Platz mit hübschen restaurierten Häusern aus dem 17. und 18. Jahrhundert angekommen sind, an dessen Ende eine Basilika steht, die wie eine Mutter mit weit ausgebreiteten Armen anmutet, bereit, jederzeit die verlorenen Schäfchen wieder aufzunehmen, ergießt sich vor uns eine Stadt aus unzähligen in Stein gehauenen Häusern. Verwirrend die Gässchen, die sich zwischen den Gebäuden hindurchschlängeln. Ich will mich sofort auf den Weg machen. Bruno jedoch besteht auf eine Führung, ist er doch der Meinung, eine alleinige Eroberung reiche nicht aus und wir würden nicht alles sehen, und so vergehen wertvolle Minuten, in denen ich sehnsüchtig in das Tal schaue. Zumindest kann ich meinen ersten Wissensdurst an einer Informationstafel stillen.

Vor 900–1000 Jahren haben sich Schäfer mit ihren Familien die von der Natur bereits vorgegebenen Höhlen, die durch Regen und Unwetter in den weichen Tuffstein gewaschen wurden, ausgebaut. Die Nachgiebigkeit und leichte Formbarkeit des Gesteins ermöglichte den Menschen, sich auch weiter in die Tiefe der Höhle zu graben und so Wohnraum und Stallungen für Mensch und Tier zu schaffen. Bis ins 19. Jahrhundert haben hier circa 15 000 Menschen gelebt. Diese urbane, in sich völlig autarke Lebensgemeinschaft geriet jedoch bereits im 17. Jahrhundert durch Bauernaufstände, fallende Wollpreise und Sanktionen, Landrodungen und Ausbeutung der Großgrundbesitzer in Gefahr und war somit dem Zerfall ausgeliefert. Man nahm den dort lebenden Familien die Grundlage zum Überleben. Krankheit und Tod breiteten sich aus, und erst 1952 wurde die gesamte Höhlenstadt Matera wegen katastrophaler hygienischer Missstände evakuiert und geschlossen.

Bruno hat mittlerweile Kontakt zu einem blassen, etwas androgynen Mann aufgenommen, den er mir als Cicerone, also Stadtführer, vorstellt. Jeder von uns hat bestimmt im Urlaub schon mal einen Fremdenführer kennengelernt, einen *cicerone* (so hat man sie früher genannt). Ein *cicerone* liebt den Ort, an dem er lebt, kennt jeden Winkel und hat es zu seinem Beruf gemacht, den Besuchern seine Heimat nahezubringen.

Die beiden handeln noch einen Tarif aus, für den er uns in der nächsten Stunde durch die verschlungenen Gassen führen möchte. Bruno versichert mir, dass ich, um alles gut verstehen zu können, Erklärungen benötige, die nur ein geschulter Cicerone abgeben kann.

Also latsche ich notgedrungen dem schlecht Englisch sprechenden Plattfuß, der auch noch alle zwei Meter stehen bleibt, hinterher. Sein Akzent ist derart unverständlich, dass ich nach ein paar Minuten darum bitte, dass er seine Führung auf Italienisch macht, somit würde es Bruno wenigstens verstehen und ich könnte später nachfragen.

Schon bald klappe ich meine Ohren zu, geht mir der Typ doch tierisch auf die Nerven, laufe ein Stückchen voraus, um dann zurückgepfiffen zu werden, denn er hätte gerade zu dem Mauervorsprung oder dem Loch im Boden Bedeutsames zu erzählen. Also füge ich mich und bleibe bei ihnen, lasse jedoch meine Blicke schweifen, und die ein oder andere Information ergänzt sich dann doch zu meinen Entdeckungen.

Ich bin hingerissen von diesem Gewirr der Gassen, Torbögen, Brunnen, Herrenhäuser und Höhlengänge. Teilweise wurden auf den Dächern kleine Gärtchen errichtet oder Hängeterrassen, die seitlich oder zwischen den Gebäuden angelegt und sorgsam mit Tuffstein abgestützt wurden. Campanile erheben sich wie lange Zeigefinger gegen den Himmel, neben Kaminen, die wie Stummel dagegen wirken und darauf hinweisen, dass es in den Höhlen Feuerstellen geben muss.

Alles strahlt eine wunderbare Harmonie aus. Diese Felsenformationen sind Zeichen großer künstlerischer Schaffenskraft, hier wurden menschliche Bedürfnisse mit Ästhetik und natürlicher Anpassung an die Natur auf das Schönste vereint. Zum großen Teil scheint alles unbewohnt zu sein, jedoch gibt es einige wenige Bed-and-Breakfast-Pensionen, die sich durch lustige Schilder auszeichnen. Auch vereinzelte Bars und Minirestaurants laden zum Verweilen ein, aber wir haben dafür keine Zeit. Um überhaupt in dieser kurzen Zeit das Maximum an Information zu bekommen, müssen wir uns beeilen. Wieder einmal bedauere ich, mich nicht in die Planung unserer Reise vorher eingemischt zu haben, denn allein hier würde ich gerne zwei Tage verbringen und alles genau ansehen. Als ich das Bruno gegenüber erwähne, antwortet er mir, dass ich ja immer schwimmen will, und da hätte er mir halt nachgegeben, und außerdem wären zwei Tage für Matera eh zu viel, und wir könnten ja wiederkommen, wenn sie Kulturhauptstadt wird. Aber ich möchte heute alles erobern und nicht vielleicht irgendwann. Deshalb frage ich das Plappermäulchen, ob er mit uns in ein Höhlenhaus gehen kann? Ja, antwortet er mir, es gäbe da ein Museum, das könnten wir ansehen. Natürlich kostet das extra, auch seinen Eintritt müssten wir bezahlen. So ein Gauner, wir hätten uns den Typen wirklich sparen können.

Wenig später stehen wir vor besagtem Museum. Um hineinzukommen, muss man sich bücken, die Erbauer waren wohl kleiner als wir. Ein großer Raum mit naturbelassenem Lehmboden ist der Eingang der Wohnung. An einer Seite steht ein mit Steinen erhöhtes schmales Ehebett. Erhöht deshalb, damit Hühner und Hasen und sonstiges Kleinvieh dort laufen konnten, erläutert unser Guide, ebenso gibt es kleinere erhöhte Bettchen für die Kinder, die sie gleichzeitig vor Ratten geschützt haben sollen, igitt! Auf der anderen Seite sieht man einen aus Stein gehauenen Ofen mit gusseisernen Herdplatten und Backofentüre. Von der Decke hängen Kochgeschirr und Gerät herab. Etwas tiefer geht es in weitere Räumlichkeiten. So ein Haus hatte zahlreiche Stockwerke, die Lager für das Getreide waren und in denen Lebensmittel bei gleichbleibender Temperatur gestapelt wurden. Auch Ställe für das Vieh waren hier untergebracht. Drinnen gibt es eine Zisterne und einen Brunnen, aus dem man Wasser schöpfen konnte, und sogar ein Raum mit Waschgelegenheit ist vage zu erkennen. Mich erstaunt, dass es nirgendwo Licht gegeben hat, es wurden keine Lichtschächte gegraben, die Eingangstüre war die einzige Lichtquelle. Da es in dieser Gegend aber sehr kalte Winter gibt und Schnee keine Seltenheit ist, müssen die Menschen in absoluter Dunkelheit gelebt haben. Kein Wunder, dass sie so klein waren.

Die Skandinavier nehmen heute in den Wintermonaten Vitaminpillen ein, damit sie nicht unter Mangelerscheinungen leiden, aber was haben die Menschen in Matera gemacht, um nicht krank zu werden? Abends, so erzählt uns unser Führer, durfte man an den Häusern Laternen anzünden, und drinnen hatte man Kerzen. Romantisch bestimmt, aber wenn ich mir vorstelle, welch schlechte Luft im Inneren der Höhlenhäuser gewesen sein muss, kann ich mir nicht vorstellen, dass sie eine hohe Lebenserwartung hatten.

In der Ferne sieht man große ovale Höhleneingänge, inwieweit sie für den Tourismus freigegeben sind, kann ich nicht sagen, da wir heute weder ausreichend Tageslicht noch Zeit für eine Kletterpartie haben. Unterhalb dieser Eingänge kleben die Tuffsteinhäuser dicht an dicht. Spiralförmig winden sie sich hinunter in die Ebene, aus der sich mittig ein Berg erhebt, dessen Spitze eine Kirche krönt. Wenn ich die Augen zukneife, erscheint mir die Siedlung wie tausend offene Münder, die alle schreien und mit ihrem Atem ringsherum alles in einen dichten Nebel versenken. Edvard Munch lässt grüßen. Gespenstisch sieht es aus, und selbst wenn Bruno leicht verzweifelt ist und mir beständig davon vorschwärmt, wie toll die Stadt im Sonnenlicht aussieht und wie unendlich schade es ist, dass heute so miserables Wetter herrscht, komm ich nicht umhin zu sagen, dass ich unseren Besuch hier gerade deshalb als so besonders empfinde.

Unsere Zeit mit dem Cicerone ist vorbei. Doch bevor wir uns verabschieden, fängt er noch eine Diskussion über Angela Merkel mit mir an! Ich verstehe überhaupt nicht, was das soll. Endlich steckt Bruno ihm sein Salär in die geöffnete Hand, aber offenbar erwartet er noch ein Trinkgeld. Bruno kramt nach Münzen in seiner Hosentasche, und da ich den Kerl endlich loswerden möchte, drücke ich ihm noch einen Fünfer in die Hand. Der lüpft das Hütchen und trollt sich. Ich frage mich, was er wohl sonst in seinem Leben macht. Bestimmt wohnt er noch im Hotel Mama, die ihm gleich die Schüssel Spaghetti vor die Nase stellt.

Langsam laufen wir in Richtung Parkplatz, auf dem doch tatsächlich unser Wohnmobil steht und auf uns wartet. Nicht mal einen Strafzettel haben wir bekommen, und Bruno triumphiert. Auf dem Weg zum Campingplatz halte ich Ausschau nach einem Restaurant fürs Abendessen, aber weit und breit gibt es nichts. So kaufen wir im Supermarkt neben dem Campingplatz Salami, Oliven, Brot und eine gute Flasche Rotwein und sitzen zwei Stunden später mit Plastiktellern und Bechern in unserem Bett, bereits im Schlafanzug, denn unsere Anziehsachen inklusive der einzigen festeren Schuhe sind durchweicht. Augenzwinkernd sage ich Bruno, dass ich ganz begeistert von der basilikatischen Küche mit ihren vielen Vorspeisen wäre, und bevor er sich noch weiter meine Frotzeleien anhören muss, verspricht er hoch und heilig, in Apulien, wo wir morgen hinfahren, alles wiedergutzumachen. Denn auch dort könnte man hervorragend essen.

Im Duft unserer vor sich hin dampfenden Klamotten schlafen wir weinselig ein.

5. TAG

Hat da jemand seine Liebe zum Campen entdeckt?
Bruno

Jutta liegt immer noch bis über die Nase in die Decke eingekuschelt. Ich habe in der Nacht kaum geschlafen, mich immer wieder hin- und hergewälzt und ihr ständig die Bettdecke weggezogen. Dabei wird es gerade erst hell. Die Wärme, die mich bis jetzt wohlig umgeben hat, hat sich ganz allmählich verflüchtigt. Um meinen schrecklichen Verdacht zu bestätigen, bleibt mir nichts anderes übrig, als die Hand unter der Decke hervorzustrecken, und er wird tatsächlich zur Gewissheit: Das Gas ist alle!

Jutta muss den Temperaturabfall ebenfalls bemerkt haben. Sie tritt um sich und zerrt mir die Decke weg. Bevor ich noch zum Pinguin mutiere, steige ich freiwillig aus dem Bett, schlüpfe in meine Regenjacke und gehe raus, um die Gasflasche auszutauschen. Endlos lange Momente, da es bei dem dichten Regen nicht ganz einfach ist, das Schloss für die Klappe zu finden. Warum nur, frage ich mich, geht das Gas immer im unpassendsten Moment aus?

Doch tapfer wie ich bin, frage ich mich das ganz allein, denn ich werkele herum, ohne meine Liebste aufzuwecken. Nicht jeder ist ja für das Campingleben geschaffen, und obwohl viele Leute einen Camper besitzen, wird man nicht von einem Tag auf den anderen zum Campingfreund, man muss wohl dafür geboren sein. Wer nicht gern herumreist, nicht neugierig auf Unbekanntes ist, zu geizig oder zu verschwenderisch ist oder bereits vor dem eigenen Schatten erschrickt, der ist für dieses Leben nicht geeignet. Haben Sie jedoch Fernweh im Blut, sind neugierig und möchten immer mehr erfahren, lieben und respektieren die Natur, dann ergeben Sie sich Ihrem Schicksal: Wahrscheinlich sind Sie ein verkappter Camper, ohne es bislang bemerkt zu haben. Ich finde nach vier Tagen allmählich Gefallen an diesem Leben. Trotz aller Unannehmlichkeiten macht es großen Spaß, so unterwegs zu sein.

Heute kann ich es kaum erwarten, dass Jutta endlich den Camper verlässt, damit ich meinen neuen alles schluckenden Elektrosaugbesen einweihen kann. Sie ist noch im Bad (wie immer!). Wenn sie sich bürstet, erinnert sie mich an eine Katze im Sommer beim Fellwechsel, überall fliegen Haare herum. Aber mit meiner Lubjanka werde ich diese in null Komma nix wegsaugen ... Zumindest stelle ich mir das vor. Allerdings muss ich ziemlich schnell erkennen, dass mein Staubsauger kein Schmutzvernichter, sondern vor allen Dingen ein Geldvernichter ist. Wie trauere ich meinem kleinen 12-V-Handgerät aus dem Auto hinterher, das man an den Zigarettenanzünder anschließen kann. Aus der Bedienungsanleitung erfahre ich, dass durch die Metallfilter des Geräts nichts von dem, was aufgesaugt wurde, an die Umgebung abgegeben wird. Und dann steht da noch, dass man diese Filter deshalb häufig wechseln muss, also sollte man sich schleunigst welche im Laden besorgen. Da ist also der Haken! Ich hab's doch gewusst! Darüber hinaus macht die Lubjanka einen Höllenlärm und ist keinesfalls so federleicht, wie die beiden Hexendamen mir versichert haben, außerdem muss ich mich häufig bücken und die komischsten Verrenkungen machen, das Kabel von dem Teil bleibt ständig irgendwo hängen, und es gibt nicht einmal ein biegsames Rohr für die Ecken.

Jutta ist endlich weg. Und mit ihr auch die Wolken. Mittlerweile hat es aufgeklart, und die Sonne scheint von einem strahlend blauen Himmel! Jutta will schwimmen gehen und später zwei deutsche Damen besuchen, die sie hier auf dem Campingplatz kennengelernt hat und mit denen sie sich anscheinend sehr gut versteht. Bevor ich selbst unter die Dusche hüpfe, sauge ich noch gründlich den Teppichboden und die Sofakissen ab. Während ich das Rohr so dahingleiten lasse, fällt mein Blick aus dem Fenster und ich sehe, wie ein Gecko einen Reifen unseres Campingnachbarn erklimmt. In dem Moment bemerke ich aus dem Augenwinkel auch über mir eine verdächtige Bewegung. Innen auf der Scheibe des gekippten Bullauges krabbelt ebenfalls ein Gecko! Nur mit dem Unterschied, dass der draußen im Vergleich zu dem hier ein Winzling ist. Der hier drinnen ist mindestens zwanzig Zentimeter lang! Es muss noch etwas Insektenspray im Küchenschrank sein, aber das scheint mir in dem Fall nicht das Richtige. Soll ich ihn einfach wegsaugen oder gar nichts tun? Geckos sollen ja Glück bringen, außerdem fressen sie Mücken. In Ägypten setzt man sie in manchen Hotels extra an die Decke, sozusagen als natürlichen Insektenvernichter. Außerdem finde ich sie niedlich. In Rom flitzen ein paar von ihnen durch meinen

Garten und über die Terrasse, ganz selten wagen sie sich mal in die Wohnung. Auch in München haben wir im Sommer jede Menge von diesen Tierchen, aber sie kommen nie ins Haus. Sie haben mit Jutta, die eine Heidenangst vor ihnen hat, eine stillschweigende Vereinbarung getroffen. Wenn sie da ist, müssen die Tierchen verschwinden, und im Allgemeinen funktioniert das auch. Aber wenn der hier während der Fahrt aufs Armaturenbrett kriecht, wäre das eine Katastrophe. Jutta würde sofort in Ohnmacht fallen. Eine Maus würde sie weniger schrecken. Einmal, wir waren gerade auf der Autobahn Rom — Florenz unterwegs, ist plötzlich draußen mitten auf der Windschutzscheibe ein Gecko aufgetaucht. Wahrscheinlich hatte er sich unter der Motorhaube verkrochen. Mit zuckenden Bewegungen ist er unbeeindruckt vom Fahrtwind (ich fuhr immerhin 120 Stundenkilometer!) ganz nach oben geklettert. Doch dort wurde ihm sein Schwanz zum Verhängnis, der Wind erfasste ihn, und weg war er. Damals hatte Jutta allerdings nichts mitbekommen, sie hat geschlafen.

Ach verflucht, jetzt klettert er runter. Ich bleibe, wo ich bin, und tue so, als hätte ich nichts bemerkt. Vorsichtshalber habe ich jedoch das Bodenelement der Lubjanka abgekoppelt, halte das Rohr wie eine Kalaschnikow im Anschlag und verfolge den Gecko aus dem Augenwinkel. Jetzt legt er auf dem Beistelltischchen neben dem Ladegerät fürs Handy eine kurze Pause ein. Irgendwo habe ich gelesen, dass diese Echsen gegen üble Gerüche allergisch sind. Ein Freund von mir lässt deswegen immer ein paar alte Turnschuhe in der Wohnung herumliegen. Zu dumm, dass ich jetzt keine dabeihabe.

Beim Laufen am Strand treffe ich Pino wieder. Nachdem Pinos Frau gestorben war, hat er nach vierzig Jahren harter Arbeit als Nachtclubkellner beschlossen, das alte Haus seiner Familie zu verkaufen und sich einen Luxuscamper zu gönnen, in dem er den Rest seines Lebens verbringen will. Er hat sein ganzes Geld in diesen Camper investiert, und mit der Zeit ist er zu einem richtigen mobilen Heim mit allem Komfort geworden. Heute ist er ein Superduperluxuscamper mit allem Drum und Dran: eine Badewanne mit Massagedüsen, Solarmodule, automatisch ausfahrbare Stabilisatoren mit Satellitenüberwachung und so weiter und sofort. Sein Stellplatz liegt mitten in den Felsen, so können sich keine anderen Camper neben ihn stellen. Pino war es leid, dass sich immer wieder neue Leute mit ihrem Fahrzeug neben ihm platzierten und jedes Mal laut Tische, Stühle, Sonnenliegen und vieles mehr auspackten. Daher hat er sich diesen Platz ausgesucht und sich von der Geschäftsleitung eine Art lebenslanges Nutzungsrecht einräumen lassen. Einiges von seiner Ausstattung ist wirklich etwas ganz Besonderes. Zum Beispiel würde ich gern wissen, wo er das Fahrrad erworben hat. Dieses schnittige Mountainbike müssten Sie mal sehen. Oder den Tisch aus Leichtmetall, das allerneueste Modell, je nach Bedarf dient es als Karre, Liege, Beistell- oder gar Wickeltisch (wenn sein vielgeliebter Enkel zu Besuch kommt, der erst sechs Wochen alt ist). Und der Sonnenschirm ist nicht einfach nur ein Sonnenschirm, sondern ein bewohnbares Zelt, das man bei gutem Wetter auch als Gästezimmer nutzen kann.

Obwohl jeder Camper über eine solide Grundausstattung verfügt, so findet man doch – zumindest behauptet das Pino – selten einen, bei dem es bei der ursprünglichen Version bleibt. Jeder Eigentümer neigt dazu, seinem Fahrzeug eine persönliche Note zu verleihen und es ganz nach seinen Bedürfnissen einzurichten.

»Was ist denn dabei, wenn man daraus ein Zuhause fürs Leben macht?«

Mir sind schon beim Vertragshändler Leute aufgefallen, die auf der Suche nach exklusivem Zubehör von einer Abteilung zur anderen eilten. Menschen mit Hang zum Überflüssigen ist kein Preis zu hoch, selbst wenn sie noch 200 Monatsraten für den Kauf des Campers abzutragen haben. Sie sind immer verzweifelt auf der Suche nach dieser ganz besonderen Satellitenantenne, ohne die sie nicht mehr ruhig schlafen könnten, dieser speziellen Wasserpumpe, mit der man bis zu 80 % (!) Wasser sparen kann, oder der raffinierten Diebstahlsicherung mit automatischer Verriegelung der Hydraulik, die beim ersten Einbruchversuch Bremse und Kupplung lahmlegt und so weiter. Und wenn sie das gewünschte Objekt ihrer Träume nirgends finden, dann werden sie zum Heimwerker und bauen es sich selbst.

Da ich vollkommen unerfahren auf dem Gebiet des Fahrzeug-Tunings bin, überkommt mich beim Betreten seines Campers ein merkwürdiges Gefühl von Unwirklichkeit, einerseits habe ich den Eindruck, mich in einer Art Mischung aus Zugabteil und dem Cockpit eines Flugzeugs zu befinden, gleichzeitig fühle ich mich so entspannt wie in meinem Ferienhaus am Meer. Diese Mischung aus moderner Technik und entspannter Urlaubsatmosphäre erfüllt mich unterschwellig mit einem Gefühl von Sicherheit, obwohl draußen gerade mächtige Wellen an den Strand rollen. Seien Sie also gewarnt – wenn Sie sich in einer Fiberglaskapsel geborgen fühlen, dann könnten auch Sie der Faszination des Camper-Lebens erliegen!

Pino muss mir unbedingt erzählen, wie überwältigt er war, als er seinen Camper zum ersten Mal betrat: Schließlich sollte das sein zukünftiges Reisegefährt und gleichzeitig sein neues Zuhause sein, das er aufstellen konnte, wo immer er wollte. Die Kissenüberzüge, die platzsparenden Möbel, die großen Fenster, durch die man die Welt beobachten konnte, und gleichzeitig dieses übermächtige Gefühl von »Geborgenheit« – er war sofort hin und weg. Und ich kann es nachvollziehen!

»Eines Tages werde ich mir auch so einen zulegen!«, sage ich spontan.

Ich zeige meine Freude unverhohlen, träume schon davon, wie mein zukünftiges Liliputheim auf vier Rädern aussehen könnte, sogar schon von den vielen Orten, die ich mit Jutta besuchen will: Ich sehe verschneite Ebenen, sengend heiße Wüsten, andere Menschen und Kulturen, Städte voller Kunst und Ausgrabungsstätten vor mir, und für einen Augenblick schiebe ich auch den Gedanken an den Riesenberg Schulden beiseite, mit dem ich mir diesen Traum finanzieren müsste.

Pino kommt aus dem Süden. Und ein Stück Neapel ist auch an Bord seines Campers: die Mandoline. Zwischen seinen Erzählungen spielt er immer wieder eine Melodie an, während er auf seinem bequemen Sofa sitzt. »*O sole mio*«, »*Je tu vurria vasà*«, »*Reginella*«, »*Torna a Surriento*«, er kennt unzählige von diesen Liedern und besteht darauf, dass ich eines lerne, damit ich Jutta eine romantische Serenade darbieten kann. Das Spielen hat er in diesen Lokalen gelernt, wo die Arbeit um neun Uhr abends beginnt und dann bis um fünf Uhr am nächsten Morgen geht. Nachtlokale wie »*La lucciola*« oder »*Il pipistrello*« setzten ganz auf schummrige Beleuchtung, am Nachmittag waren diese Orte ein eher trauriger Anblick. Aber nachts entwickelten sie ihre Anziehungskraft. Die Animierdamen hockten auf niedrigen Ledersofas zusammen, machten den Gästen an den Tischen schöne Augen und verschwanden dann mit ihnen hinter die Vorhänge der Séparées. Einmal verhedderte sich Pino in einem Vorhang, als er mit einer Flasche Crystal-Champagner in einem Korb daran vorbeikam, und zog ihn auf, ohne es zu bemerken, wodurch er den Blick auf das Paar freigab, das dahinter zu gange war. Die nackte Frau schrie los, und es gab einen Riesenaufstand. Die Lokale, in denen er seinen Lebensunterhalt verdiente, hatten viel gemeinsam: Alle waren sehr teuer und nur für Singles, in der Hauptsache Männer. Frauen setzten nur dann einen Fuß hinein, wenn sie dort arbeiteten. Man brauchte ihre Unterstützung für die Sache mit den »*tappi*«, ein erprobtes System, mit dem man ein (männliches) Opfer mit prall gefüllter Brieftasche ausnehmen konnte wie eine Weihnachtsgans. In der Praxis funktionierte das so: Eine der Damen wurde von einem Gast angesprochen, oder sie sprach ihn an und ließ sich von ihm auf ein Getränk einladen. Sie bestellte dann stets Champagner, zunächst ein Glas, später, wenn sie sich gut unterhielten, noch ein zweites und ein drittes, mit der Zeit kamen weitere Frauen dazu und die Musiker des Orchesters und die Kellner, um für eine ausgelassene Stimmung und allgemeines Durcheinander zu sorgen. Tatsächlich war dieser »Champagner« alles Mögliche, bloß kein echtes Blubberwasser aus Frankreich. In der Küche mischte man ihn aus Weißweinresten, Brausepulver, Natron und etwas Zucker zusammen. Dann füllte man leere Champagnerflaschen damit, verkorkte sie wieder und servierte sie dem Gast, der inzwischen schon zu betrunken war, um zu bemerken, wie schlecht das Zeug schmeckte. »*Et voilà!*«, sagte dann Pino, während der Korken ploppte.

»Bitte sehr«, fügte er hinzu, ehe er einschenkte. Währenddessen wurde die Hälfte des Gebräus geschickt in den Sektkübel gekippt, so dass die Flasche im Handumdrehen geleert war und die nächste geordert wurde. Das ging so weiter Flasche um Flasche, bis die Rechnung eine astronomische Summe erreicht hatte. Die Damen – alle sehr elegant und wunderschön am Abend, tagsüber hätte sie niemand wiedererkannt – bewahrten die Korken auf, um dem Geschäftsführer die Anzahl der bestellten Flaschen zu belegen, denn sie bekamen Prozente. Gegen halb eins, wenn das Lokal so gut wie leer war, die Séparées dagegen alle besetzt, ging plötzlich ein Scheinwerfer an, und dazu ertönte »*That's amore*«.

Jeder mehr oder weniger erfahrene Reisende kennt das Sprichwort, das ich hier etwas abgewandelt habe: »*Paese che vai, strada che trovi*« – »Andre Länder, andre Straßen«. Und tatsächlich lernt man an Bord eines Campers die Straßen eines Landes ganz genau kennen. Nach einem köstlichen Fisch zu Mittag bei Pino sind wir am Nachmittag wieder unterwegs, mit wechselnden Aussichten zwischen Regenschauern und sonnigen Ausblicken auf atemberaubenden Panoramen auf der Statale 106 entlang der ionischen Küste auf Höhe der Ausfahrt nach Metaponto. Wir wollen gerade auf die Statale 407, der sogenannten »*Basetana*«, Richtung Matera abbiegen, als wir ein Auto sehen, das mitten auf der Straße mit eingeschalteten Scheinwerfern hält. Es steht genau vor uns in der Ausfahrt. Ich warte, dass es beiseitefährt, denn die Straße ist nicht breit genug für zwei Fahrzeuge. Wegen des Regens, der mittlerweile eingesetzt hat, kann ich nicht erkennen, wer dort drinnen sitzt. Ich halte an, steige aus und nähere mich mit dem Regenschirm in der Hand dem Fahrzeug. Erst jetzt erkenne ich, dass es ein Kombi mit drei »Mann Besatzung« an Bord ist. Ein Mann mit langen Haaren am Steuer, eine Frau auf dem Beifahrersitz und ein Hund hinten, der sein Gesicht gegen das Seitenfenster presst und mich aus traurigen Augen ansieht. Der Mann ist jung und hat deutlich erweiterte Pupillen. Ich klopfe an seine Seitenscheibe, und er öffnet sie gerade so weit, dass kein Wasser eindringen kann. Der starke Geruch von Marihuana steigt mir trotzdem gleich in die Nase.

»Würden Sie bitte rechts ranfahren, sonst komme ich mit dem Camper nicht vorbei!«

»Der Hund muss mal«, nuschelt der Fahrer mit einem starken osteuropäischen Akzent.

Die Frau steigt aus, und hinter ihr saust der Mastino Napoletano heraus und steuert schnurstracks den Pfosten eines Straßenschildes an. Sie ist völlig zugedröhnt und kann kaum laufen, steht einfach da im strömenden Regen, ohne sich etwas über den Kopf zu halten, und schwankt die ganze Zeit. Der junge Typ hat unterdessen hinters Steuer gegriffen und zwei plattgequetschte Mini-Joints hervorgezogen. Dann öffnet er unvermittelt die Tür, wodurch er mich zurückstößt, und erstarrt für einige Sekunden, in denen er mich unverwandt ansieht.

»Normalerweise bauen wir größere Tüten, so richtig schöne Kanonenrohre. Willst du?«

»Nein danke, ich rauche nicht.«

In dem Moment braust ein Polizeiwagen mit eingeschalteter Sirene heran und stellt sich quer auf die Straße. Es ist ein Zivilfahrzeug der örtlichen Kriminalpolizei. Ein untersetzter Beamter mit dicken Backen und Schnurrbart wie Leutnant Garcia (jener trottelige Soldat bei Zorro, Freund des Don Diego della Vega und Feind des Rächers mit der Maske) steigt aus dem Wagen und läuft auf die Frau zu, um unverzüglich ihre Umhängetasche zu durchsuchen. Darin findet er eine Puderdose und ein Klümpchen Haschisch, verschiedene rezeptpflichtige Medikamente und jede Menge loser Pillen.

»Wo ist der Rest von dem Stoff?«

»Den hat der!«, sagt sie und zeigt auf mich.

»Nein, hören Sie, die Frau hat sich bestimmt nur ein bisschen in der Richtung geirrt. Vielleicht wollte sie auf IHN zeigen!«

Bis ich mich umgedreht habe, ist der Kerl aber schon geflüchtet. Doch ein zweiter Beamter – den ich wegen des strömenden Regens gar nicht aus dem Auto steigen sah – konnte ihn an der Leitplanke schnappen und durchsucht ihn nun. Der Kerl trägt ein kariertes Flanellhemd mit langen Ärmeln, das natürlich sofort durchgeweicht ist. Als der Beamte seinen Oberkörper abtastet, bemerkt er kleine Erhebungen, die zerbröseln, sobald er kräftig darauf drückt. Er knöpft also das Hemd auf und findet auf der Innenseite viele Täschchen voller kleiner Haschischklumpen. Nachdem sie beiden Handschellen angelegt und sie in ihr Zivilfahrzeug verfrachtet haben, fährt einer der beiden Beamten den Kombi zur Seite und klärt mich auf:

»Hinter denen sind wir schon seit einer Weile her.«

Die Operation begann auf einen Tipp der Kripo von Cosenza hin, die vor einigen Stunden die Kollegen hier vor Ort alarmiert und die Fahndungsmeldung nach einem Audi A6 Kombi mit zwei Albanern an Bord herausgegeben hat. Den Informationen der kalabrischen Ermittler zufolge war das Fahrzeug auf dem Weg nach Bari, von dort sollte es nach Tirana übersetzen. Deswegen hatte die Kriminalpolizei auf der gesamten Statale Straßensperren errichtet, einige davon auch mit Zivilfahrzeugen. Als die beiden Albaner erkannten, dass sie verfolgt wurden, gaben sie Gas und waren mit Spitzengeschwindigkeiten von bis zu 200 Stundenkilometern davongebraust. So konnten sie vier Streifenwagen abschütteln, bis der Hund mal musste und sie anhielten. Das Rauschgift war nicht nur im Hemd und in der Handtasche versteckt, die Beamten fanden es auch in kleinen Portionen aufgeteilt in einer Aushöhlung des Armaturenbretts. Das Ganze endet mit einer Verhaftung der beiden Dealer und einem Trostknochen für den armen Mastino, der unwillentlich die Flucht seiner verbrecherischen Herrchen vereitelt hat.

Mein Herz klopft immer noch wie wild, als ich wieder in den Camper steige. Ich verharre einige Sekunden schweigend, nur das hektische Hin und Her des Scheibenwischers ist zu vernehmen. Dann seufze ich tief und erleichtert und wende mich zur Seite. Jutta – schläft!

Endlich sind wir in Matera in der Region Basilikata.
Es hat aufgehört zu regnen, aber es ist immer noch ein grauer, trüber Tag. Doch dieses Wetter begeistert Fabio, unseren Cicerone, der das wesentlich angenehmer als einen gewöhnlichen sonnigen Tag findet. Bei diesem Licht, meint er, könnte man die *Sassi*, die Höhlenstadt, noch besser bewundern.

»Die Sassi bilden die Altstadt von Matera, eine ganze Höhlensiedlung, die 1993 von der UNESCO zum Weltkulturerbe erklärt wurde … ein System von Behausungen, das in die Felshänge aus Kalkstein, dem sogenannten ›Tufo‹, eines tief eingeschnittenen Flusstals mit einzigartigen und überraschenden natürlichen Bedingungen gegraben wurde … mit eleganten Gebäuden, die sich mit unterirdischen Labyrinthen und verschlungenen Höhlenwegen abwechseln und so eine auf der ganzen Welt einzigartige Landschaft schaffen.«

Fabio ist ein sehr mitteilsamer Mensch, er rattert uns die auswendig gelernten Einzelheiten über die Altstadt nur so herunter, als würde er sie aus einem Buch ablesen, und macht uns ganz benommen mit all den Fakten und geschichtlichen Verweisen.

»Die Sassi bestehen aus zwei großen Vierteln: Sasso Barisano und Sasso Caveoso.«

So erzählt er uns eine Stunde lang eigentlich immer wieder dasselbe. Doch als wir ihm eine Frage stellen, nämlich in welcher Zeit hier zum ersten Mal Menschen gesiedelt haben, gibt er uns keine Antwort, sondern stellt seinerseits Fragen über unser Leben, was wir machen, wohin wir unterwegs sind und so weiter und so fort. Jutta findet ja, dass wir beide Menschen sind, die allerorten die merkwürdigsten Leute auf diesem Erdball anziehen. Sollten Sie also jemals in diese Gegend kommen und an unseren Führer geraten, machen Sie sich auf ein regelrechtes Kreuzverhör gefasst. Er ist unglaublich neugierig. Die Probleme beginnen erst richtig, als Fabio auf Politik zu sprechen kommt. Wie gerade jetzt mit Jutta.

»Was halten Sie von Frau Merkel? Mögen Sie die?«
»Ja.«

Hätte sie das doch bloß nicht gesagt! Die Miene des eben noch so begeisterten Fabio verfinstert sich zunächst, dann ereifert er sich. Vielleicht dachte er, es gäbe nichts außer seiner Sicht der Dinge, träumte er daher davon, auf Merkel-Gegner zu stoßen?

»Wie können Sie die bloß mögen?! Diese Frau will den Euro erledigen! Die und ihre Politik nach Art von eurem Bismarck. Viel zu rigide. Ihr Deutschen verlangt viel zu große Opfer von uns!«

Und dann kommt er richtig in Fahrt und unterstreicht seine Reden mit einer Reihe merkwürdiger Gesten und Grimassen. Gleichzeitig schimpft er unangemessen laut auf die arme Frau Merkel. Jutta sieht mich ratlos an. Fabio regt sich immer mehr auf und zieht nun über die italienische Politikkrise her und über die Schattenseiten seines Jobs. Eine Arbeit, die nicht mehr so sicher ist wie früher und die ganz zu verschwinden droht. Für ungefähr hundert von ihnen, ausgebildete Fremdenführer, die schon seit Jahren diesen Beruf ausüben, sind gerade harte Zeiten angebrochen. Ausgerechnet jetzt, wo sie erfolgreich gegen illegale Fremdenführer vorgegangen waren, warf ihnen die Europäische Union erneut Knüppel zwischen die Beine mit der Forderung nach Arbeitnehmerfreizügigkeit in ganz Europa – auch bei dem altehrwürdigen, speziellen Beruf des *cicerone*.

»Merkel, Merkel, nieder mit Frau Merkel!«

»Aber was hat die denn damit zu tun? Sie könnten doch höchstens auf den turnusmäßigen Präsidenten der EU-Kommission wütend sein!«

»Was sagen Sie denn da?! Ihr Deutschen seid nur gut im Liberalisieren!!«

Und unter den ebenso belustigten wie verstörten Blicken anderer Touristen schreit er weiter wie ein Irrer und läuft auf der Treppe nach Sasso Caveoso hin und her.

»Jetzt beruhigen Sie sich doch.«

»Dann reden Sie doch mit der Merkel!«

»Ich?! Wenn ich könnte, würde ich das gern. Aber ich denke, unsere Kanzlerin hat im Moment bestimmt Wichtigeres zu erledigen.«

Fabio bleibt endlich mal stehen, wendet sich von Jutta ab und starrt zu mir herüber. Ich lehne an der Mauer und pfeife inzwischen vor mich hin, weil ich wirklich nicht weiß, was ich tun soll. Er kommt näher, reißt wieder den Mund auf und schreit mir ins Ohr:

»Dann sagen Sie es ihr eben! Eure Frau Merkel treibt uns alle in den Ruin!«

Die anderen Touristen, die vorbeikommen, laufen hastig vorbei. Einige sind so peinlich berührt, dass sie die Richtung ändern. Die anderen Fremdenführer tun so, als würden sie ihn nicht kennen. Nur einer von ihnen macht eine ziemlich eindeutige Geste: Er klopft sich mit dem Finger an die Stirn, als wollte er sagen:

»Der spinnt doch.« Jutta versucht erneut, Fabio zu beruhigen, und legt ihm eine Hand auf die Schulter.

»Jetzt beruhigen Sie sich doch.«

»Ich will Ihr Mitleid nicht.«

»Das ist kein Mitleid, ich verstehe Ihren Groll und Ihre Wut. Ich sage doch bloß, dass Sie sich mit den Falschen anlegen. Das ist alles.«

»Früher war alles besser, vor achtzig Jahren ging es uns besser.«

»Das würde ich nicht sagen. Gott sei Dank waren Sie da noch nicht auf der Welt.«

»Sie auch nicht. Genau das ist es doch. Es ging uns besser, oder nicht?«

Lange Pause. Hinter diesem letzten Satz, der nur auf den ersten Blick wie eine Provokation erscheint, verbirgt sich vielleicht Fabios ganze Weisheit: Es ging einem besser, als man noch gar nicht auf der Welt war. Von einer Sekunde auf die andere hat sich unser Fremdenführer wieder beruhigt, und er erklärt und zeigt uns die Sassi, als ob nichts passiert wäre. Jutta und ich lächeln uns erleichtert an.

6. TAG

Fröhliches Weinstampfen in Apulien
Jutta

Wie schön, ich habe zum ersten Mal richtig gut und lange geschlafen! Kein Maultier, das mich anschreit, kein Knoblauch, der mir den Atem nimmt, keine Zuhälter, die das Wohnmobil entern wollen, und kein Trommelregen, der uns unter Wasser setzt. Selbst Bruno, falls er geschnarcht haben sollte, habe ich ignoriert. So ein seliger Tiefschlaf kommt bei mir selten vor, und dementsprechend fröhlich und unternehmungslustig wache ich auf. Die Morgensonne spitzt sogar schon ein bisschen hervor, als ich meine Nase zum Fenster hinausstrecke. Wir beschließen, uns zügig abreisefertig zu machen, denn der Weg in den Absatz zieht sich, und es führen ausschließlich Landstraßen dahin. Bruno möchte deshalb unbedingt im Büro des Campingplatzes seinen Routenplan ausdrucken, und ich kann ihn dazu nur ermuntern. So macht er sich auf den Weg, und ich mache das Bett und räume ein bisschen auf, und inkonsequent wie ich bin, hole ich auch noch den Besen hervor und kehre einmal unser Häuschen sauber. Unglaublich, was wir hier für einen Dreck drin haben. Sand vom Meer und Erdklumpen von unserem gestrigen Ausflug. Ich klopfe draußen unsere Turnschuhe aus. Mein schöner dicker Wollmantel ist immer noch feucht und muffelt, selbst meine Jeans sind klamm, also ziehe ich heute mein Kleidchen an und Flipflops und schicke ein Stoßgebet zum Sonnengott, dass er uns hold sein möge.

Wenig später kommt Bruno mit zwei Kaffee-to-go und einer Tüte Minicroissants zurück, wedelt mit dem Routenplan vor meinem Gesicht herum, ich soll alles mal kurz halten, er stöpselt uns noch vom Stromnetz ab, und dann kann's losgehen. Wie schön, mein Schatz ist auch unternehmungslustig. Auf geht's ins schöne Apulien.

Apulien ist eine zum großen Teil sehr ursprünglich gebliebene langgestreckte Provinz mit riesigen Anbauflächen, auf denen Mandelbäume, Orangen-, Zitronen- und vor allem Olivenbäume gedeihen. Auch Getreide wie Weizen und Mais findet man hier. Apulisches Olivenöl schmeckt besonders würzig und ist sanft im Abgang. Ich muss unbedingt einen Kanister davon mit nach München nehmen. Vor fünf Jahren habe ich hier einen sehr schönen Film gedreht, »Salto Vitale«, und mich in diesen so gegensätzlichen Landstrich verliebt. Wunderschöne Städtchen findet man besonders im Absatz, und ich freue mich auf ein Wiedersehen. Auch hier gibt es den weichen hellen Tuffstein, der schon vor Jahrhunderten abgebaut wurde und freundliche Städte wie Otranto und vor allem Gallipoli und Lecce im ersten italienischen Barockstil prägte. Dieser Barock ist leicht und verspielt, nicht trutzig wie der deutsche Barock. Zart eierschalenfarben bis weizengelb ist die Farbe der Gebäude, und selbst die großzügig angelegten Plätze erstrahlen in hellem Marmor. Man merkt die Nähe zu Nordafrika, und ebenso den Einfluss der Handelsstraße, auf der man schon vor tausend Jahren mit Schiffen von Portugal und Spanien hinüber nach Afrika und dann in arabische Länder und Griechenland segelte und Zwischenstation in Italiens Stiefel machte. Hier hört man im Sommer die Pizzica, eine apulische Form der allseits bekannten Tarantella, die ihren Ursprung hier hat, denn der Name kommt aus der Stadt Taranto. Die Pizzica wird auf einer Gitarre gespielt und von Kastagnetten, die die Frauen in der Hand halten, begleitet. Sie ist rasend schnell, und früher hat man sich damit in Trance getanzt. Es gibt eine Sage von einer angeblich bösen Hexe, die die Männer mit dieser Musik in ihren Bann gezogen hat, aber leider erinnere ich mich nicht mehr genau. In den Sommermonaten finden an jedem Wochenende kleine Festivals statt, auf denen Pizzicagruppen aufspielen, und auf den Marktplätzen wird getanzt, was das Zeug hält. Damals hatten mich unsere apulischen Beleuchter einmal mitgeschleppt, und ich war völlig hingerissen von der Musik. Natürlich habe ich mir sofort eine CD gekauft, aber wie es oft dann so ist, hört sie sich in der Heimat plötzlich ganz falsch an, und man versteht, warum wir Bayern Blasmusik haben und keine Tarantella.

Unser Weg führt uns aus den Bergen von Matera hinunter an die Küste in die Stadt Taranto, die wir jedoch nur streifen. Ich möchte gern weiter die Küste hinunterfahren nach Gallipoli, dieser fantastischen Hafenstadt mit ihrer allen Überfällen und Stürmen trotzenden Stadtmauer und den Wehrtürmen, den verwinkelten Gassen voller Restaurants und Boutiquen, aber mein Schatz verwehrt mir meinen Wunsch, hat er heute doch eine weitere Überraschung für mich in petto.

Morgen, so hätte er geplant, würden wir uns dann in aller Ruhe diesen Städten widmen, und ich dürfte auch shoppen gehen. Wir haben ja noch zwei Tage unser Wohnmobil. Da will ich ihm natürlich keinen Strich durch die Rechnung machen, zumal ich schon mehrmals hier war. Vor 12 Jahren, als meine Tochter Antonia vor ihrem Abiturjahr stand, habe ich sie, um den Kopf freizubekommen, auf eine 3-wöchige Italienreise mitgenommen, und wir haben eine Woche in einem Trulli in Apulien verbracht und von dort aus die Sehenswürdigkeiten besucht. Ein Trulli ist eine Ansammlung von kleinen Steinhäuschen, die nach oben hin spitz zulaufen, ganz reizend aussehen und typisch für diese Gegend sind. Ich war damals drauf und dran, mir einen Trullo, also ein einzelnes Häuschen, zu kaufen, aber wie es manchmal ist, war ich zu zögerlich und wollte erst einmal darüber nachdenken. Eh ich mich versah, ging der Trullo an jemand anderen. Stinksauer war ich damals, aber wenn ich es mir recht überlege, wäre es Blödsinn gewesen. Heute hat sich in dieser Gegend die russische Mafia breitgemacht, und ich bin heilfroh, nicht mittendrin zu wohnen.

»*Amore*, hältst du es noch ein Stündchen aus, oder fällst du schon um vor Hunger?«, fragt mich mein Chauffeur.

»Das kann ich erst beantworten, wenn ich weiß, was mich nach dieser Stunde erwartet«, gebe ich ihm zur Antwort. »Weißt du, Schatz, ich hatte gestern eine tolle Eingebung, und ich würde gerne einen alten Freund überraschen, der ganz in der Nähe von Lecce eine sagenhafte Masseria Agriturismo, also einen Bauernhof, besitzt. Bestimmt können wir dort übernachten. Wir essen dann all die Köstlichkeiten, die ich dir gestern schon versprochen habe, was meinst du?«

»Okay, sehr gerne, aber wenn er nicht da ist und ich nichts zu essen bekomme, grill ich dich eigenhändig am Spieß, darauf kannst du dich verlassen.«

Völlig unbeeindruckt tut er meine Bedenken mit dem Argument ab, es sei jetzt Weinlesezeit, und Carlo könnte es sich überhaupt nicht leisten, nicht da zu sein.

So fahren wir quer durch den Absatz, an der Stadt Brindisi vorbei, bergauf, bergab in vielen Kurven bis nach Leverano. Unterwegs sehen wir jede Menge Sarazenentürme, aus denen man früher das Meer beobachtet hat, um unliebsame Eindringlinge in die Flucht zu schlagen. Die Küste ist rau und karg, so stelle ich mir die schottische Hochebene vor, die ich leider bisher nur aus Filmen kenne.

Als wir endlich auf dem Bauernhof ankommen, gratuliere ich Bruno zu seinem flotten Fahrstil, frage, ob er nun plane an einer Wohnmobilrallye teilzunehmen und dafür geübt hätte. Mir ist von den Kurven speiübel. »Tja, *amore*, du hättest ja auch fahren können, aber du weigerst dich ja, und außerdem hast du gesagt, du hast Hunger, und so hab ich halt Gas gegeben«, antwortet der Schuft, und ich schmeiße ihm meinen Latschen hinterher.

Erstaunlicherweise ist der Parkplatz voller Reisebusse aus Deutschland und Italien, das hatten wir nicht erwartet. Zumindest ist somit gewährleistet, dass hier Betrieb ist. Als wir in den Innenhof kommen, dringt lautes Johlen und Gelächter an unsere Ohren. Bruno fragt an der Rezeption des Hauptgebäudes, dem ein riesiger Verkaufsladen angegliedert ist, einen freundlichen Mann nach seinem Freund Carlo. Wir sollen nur durch den Raum gehen und hinten hinaus ins Gelände. Ob wir schon registriert wären, will er noch wissen, und Bruno verneint. Wofür und warum, fragen wir uns und gehen dem Gejohle nach.

Wenig später wissen wir, warum. Heute ist Festa del vino! Carlo, den Bruno in der Masse wild schnatternder Menschen entdeckt, freut sich über unseren Besuch und ganz besonders darüber, an seiner Seite eine *Tedesca* zu finden, denn er ist gerade dabei, zwei Teams zusammenzustellen, die gegeneinander antreten sollen. Ich verstehe nicht, was das soll, und bitte Bruno um Aufklärung.

Ich soll mich erst mal zu den Deutschen stellen, antwortet er mir, ab sofort wäre ich feindliches Ausland und müsste besiegt werden! Na großartig! Bevor ich jedoch besiegt werde, muss ich erst mal aufs Klo und dann was essen, und dann soll er mal gegen mich antreten, wehre ich mich leicht verzweifelt. Bruno übersetzt Carlo meine Antwort, und der muss herzlich lachen. »Geine brobleme, *signora*, Esse stehe genug, und nu erschte wir machen eine Pausa und trinke und esse alle *insieme*«, antwortet der wirklich entzückende und humorvolle Carlo. Hiermit verschwinde ich Richtung *bagno,* um mir die Nase zu pudern.

Zu meiner großen Freude entdecke ich im angrenzenden Garten lange Tafeln mit wunderbaren Köstlichkeiten, und vergnügt häufe ich auf meinen Teller in Speck gerollte Datteln, verschiedene überbackene Käse und Gemüsesorten, Schinken roh und gekocht, Pasta in unterschiedlichen Farben, Parmesan, gehobelt und in Stücke gehackt. Jutta im Schlaraffenland!

Wir setzen uns auf lange Bänke, begrüßen unser Gegenüber, füllen die Gläser mit frischem Wein und stärken uns. Lustig ist es, und mehr und mehr verstehe ich, worum es heute geht.

Carlo organisiert mit Touristenverbänden aus Deutschland, Österreich, Frankreich und der Schweiz mehrmals im Jahr verschiedene Feste, zu denen Gäste eingeladen werden, bei der Ernte und Verarbeitung seiner Erzeugnisse mitzumachen. Da gibt es die Olivenernte, bei der im Spätherbst über Wochen das Öl gepresst wird, die Mandel- und Apfelernte oder ein großes Nudelfest. Im Frühling lädt er zum Erdbeerenpflücken, sie veranstalten Kochseminare, dann ein Käsefest, bei dem man die Herstellung von Käse lernen kann, und ab heute findet die Weinlese statt, und die Fässer müssen geleert werden. Dazu finden verschiedene Wettbewerbe statt, bei denen die anwesenden Vertreter aus Italien und Deutschland gegeneinander antreten. Eine Disziplin ist Trauben ernten, sie in Bütten und Körbe und auf Anhänger schütten oder auch zu den großen offenen halben Weinfässern tragen, in denen die Frauen mit nackten Füßen stehen, um sie zu stampfen. Ich fasse es nicht, das ist ja wie vor 50 Jahren, als wir in meiner Kindheit für vier Jahre ins Schwabenländle nach Heilbronn zogen, weil mein Vater damit beschäftigt war, für Audi-NSU den Wankelmotor zu patentieren. Wir Schulkinder hatten im Herbst eine Woche schulfrei, dafür mussten wir die süßen Trauben des Neckarlandes lesen und stampfen. Für mich, die ich keine begeisterte Schülerin war, eine willkommene

Abwechslung, zumal ich mich damals im zarten Alter von sieben Jahren total in den Sohn eines Winzers und Restaurantbesitzers verknallt hatte und ihm so nahe sein konnte.

Heute jedoch kann das ja nur als Unterhaltung gedacht sein. Nie und nimmer würde man heutzutage Wein so ernten.

Ungläubig frage ich Carlo, wie er denn sonst die Weinlese organisiert. Er bestätigt jedoch, dass die Trauben nach wie vor handverlesen werden und er dafür Arbeiter aus Osteuropa bis zu einem halben Jahr bei sich aufnimmt. Die Arbeit wäre hart, aber die Leute kämen gerne, für gute Unterkunft und gutes Essen wäre gesorgt, und auch der Lohn sei in Ordnung. Gute Stimmung und gesellige Abende garantierten für alle eine gute Zeit. Da er höchste Ansprüche auf Qualität in seinen Erzeugnissen setze, hätten mittlerweile einige seiner Arbeiter selbst kleine Betriebe in ihren Ländern aufgezogen und auch auf ökologische Erzeugung umgestellt. Sie könnten hier viel lernen, und wenn sie wollten, sogar eine Ausbildung machen. Natürlich besäße er die besten Maschinen und Ölpressen, keine Ochsen ziehen den Mahlstein, und selbstverständlich sei das Traubenstampfen ein Spaß, nur im Prinzip würden die Maschinen nicht viel anderes machen als wir, nur schneller.

Nun müssen wir uns aber langsam auf den Weg machen, denn aus Spaß soll Ernst werden.

Die Deutschen und die Italiener stehen sich gegenüber. Carlo zählt alle durch und teilt die Teams ein. Aus alter Freundschaft kürt er Bruno zum Chef des italienischen Teams und mich, o Schreck, zur Weinoberstampferin des deutschen Damenteams. Mir bleibt auch nichts erspart.

Irgendwie muss ich lachen bei der Vorstellung, dass Bruno, der weder gerne schnell läuft, geschweige denn Schweres tragen mag, noch die geringste Ahnung von Handarbeit hat, und dem obendrein jeglicher Ehrgeiz fehlt, ausgerechnet ein Team anführen soll.

»Na den Italienern werden wir's aber nicht leicht machen«, feuere ich meine deutschen Damen an, während wir in vorbereitete Hosen steigen, die im Bund gebunden und aufgerollt werden. Die Männer werden ebenfalls in Arbeitskleidung auf Traktoren mit Anhängern in den Weinberg gebracht. Wir Damen winken ihnen nach, unter dramatischen Abschiedsgesten und Anfeuerungen, sich ins Zeug zu schmeißen, damit wir schnell etwas zu tun bekommen.

Da es so aussieht, als verbrächten wir Mädels die nächsten Stunden dicht gedrängt in Holzbottichen, halte ich es für angebracht, mich vorzustellen. Doch das ist unnötig, denn sie wissen alle, wer wir sind. Im Gegenzug frage ich sie, wo sie herkommen und ob sie sich schon lange kennen. Immerhin sind es an die 30 Ladys.

»Nein, nein, wir kommen aus verschiedenen Gegenden, wir sind auch mit mehreren Bussen angereist«, werde ich aufgeklärt. Ein Bus kommt aus dem Sauerland mit dem Kegelclub »Eusebius«, sie kegeln schon seit fast 30 Jahren zusammen, und jedes Jahr unternehmen sie mit dem erkegelten Preisgeld einen großen Ausflug. Schon lange wollten sie mal nach Apulien, und so haben sie die lange Reise auf sich genommen, einen Stopp in Venedig eingelegt, unterwegs eine Menge

Spaß in dem komfortablen Bus gehabt, und nun genießen sie drei volle Tage auf diesem wunderbaren Gut. Ein anderer Bus kommt aus der Pfalz. Sie wären sozusagen im Austausch mit den Italienern hier gelandet. Mir wird ein junges hübsches Mädel vorgestellt. Sie heißt Nadine und ist Pfälzer Weinkönigin 2012. Letztes Jahr waren die Weinköniginnen aus mehreren apulischen Weingegenden bei ihnen zum Weinfest eingeladen. Die Begegnung war so herzlich und unkompliziert, dass sofort eine Gegeneinladung erfolgte, und nun würden sie in einer Woche Aufenthalt fünf Weingüter besuchen und sich verwöhnen lassen. Auf meine Frage, wie sie sich denn verständigen, antwortet Nadine: »Na mid de Händ un mid de Fiieß, un denn hän ma au än Dolmätscha dabei, aba de spricht a missarables Deutsch.«

Ich muss grinsen, stell ich mir doch vor, dass der arme Kerl diesen Pfälzer Dialekt kaum verstehen kann. »Ha der Heini, de isch jedzd mid de Männla beim Weinlesa, do kanna hier nix me anrichde.«

Ich finde es großartig, dass wir hier eine Busladung weiblicher Weinprofis dabeihaben, sie können uns ins perfekte Weinstampfen einweihen.

Als Erstes mischen wir unsere Gruppen. In jeder Gruppe sind jeweils ein oder zwei Damen, die sich schon auskennen. Ganz wichtig ist es, die Trauben von spitzen Stielen, die manchmal im Eifer des Gefechtes mit in den Bütten landen, zu befreien, denn das kann böse Verletzungen zur Folge haben. Deshalb müssten zwei von jeder Gruppe ausschließlich mit der Aufgabe, die Trauben zu untersuchen, beschäftigt sein. Sechs von jeder Gruppe stampfen und wechseln sich bei Erschöpfung mit drei Einspringerinnen ab. Generell müssen wir alle uns darauf einstellen, dass die Haut der Füße anschwillt und der saure Traubensaft nach einer Weile brennt. So man sich keine Verletzungen zuzieht, ist das erträglich, wer jedoch einen Schnitt hat, sollte besser aufhören. »Vasucht de Zehä zammazuhalde, denn quadscht des Zeigl ned so dazwischa durch«, rät uns die Weinkönigin, und ich frage mich, wie ich das bewerkstelligen soll, wenn ich zentimetertief in den Trauben stehe.

Bereit zum Angriff, krempeln wir uns die geliehenen Hosen hoch, steigen in bereitgestellte Waschschüsseln mit Wurzelbürsten für die rituelle Reinigung unserer Füße. Jeder Weinbottich steht auf einer großen Gummiauflage, die jeweils einen Meter ringsherum hervorlugt und uns so die Möglichkeit gibt, sauberen Fußes zu bleiben. Zugegeben, ich bin ein bisschen aufgeregt, und nicht nur ich, auch der Rest der deutschen Damenmannschaft wird langsam nervös, tut sich doch noch rein gar nichts. Keine Bütten schleppenden Männer in Sicht.

Plötzlich grölen die Mädels aus der italienischen Mannschaft, deren Bottiche uns gegenüberstehen. »*Forza, forza ragazzi*«, brüllen sie die im Schweinsgalopp antrabenden ersten italienischen Kerle an. Von weitem schon höre ich die Anfeuerungsrufe meines Brunos, der mit hüpfender Bütte am Buckel, aus der die Trauben bei jedem Schritt nur so herausspritzen, heranspurtet. Er kehrt jedoch immer wieder um und sammelt seine verlorenen Trauben auf. Um ihn ein bisschen zu bremsen und zu irritieren, sage ich, als er in meine Nähe kommt: »Ui, Bruno, du bist ja toll, zeig mal, was du schon alles gepflückt hast, komm mal her«, und tatsächlich, er fällt drauf rein und dreht sich zu mir, um mich in seine Bütte gucken zu lassen, aber kurz vorher merkt er es und schlägt einen Haken zu einem der italienischen Behälter. »*No, no, amore,* ich bin zwar langsam, aber nicht blöd«, ruft er mir zu, was meine Gruppe in lautes Gelächter ausbrechen lässt.

Nun ist es aber an uns, die männlichen Kollegen anzufeuern, die gerade mit einem beladenen Hänger um die Kurve kommen, voran mit zwei Bütten tragenden, schnaufenden, etwas korpulenten Herren. »Mann, sind die schwer, de Dinger«, sagt der eine und schüttet seine Ladung in einen unserer Behälter. Sofort stürzen sich die Sortiererinnen auf die Trauben, dann springen die Ersten in ihren Bottich, legen sich im Kreise stehend die Arme auf die Schultern des jeweiligen Nachbarn und beginnen rhythmisch die Trauben zu keltern. Dabei quieken und lachen sie. Fasziniert schaue ich zu ihnen hinüber, aber nun wird vom Anhänger Nachschub in unser Behältnis gekippt. Auch unsere Sortiererinnen stürzen sich darauf, rufen dann »Alles okay, rein mit euch«, und wir hüpfen ins Innere und tun es den anderen gleich. Iiiih, was für ein Gefühl, die einzelnen Trauben unter den Füßen platzen zu spüren. Erst ist es hart und der Dolden wegen ein bisschen stachelig, dann kitzelt es plötzlich, und Saft, Kerne und Fruchtfleisch quillen seitlich hervor. Noch kommen wir relativ schnell zum Boden des Behälters, als aber die nächste Ladung aufgeschüttet wird und wir kurz innehalten, müssen wir erst einmal unsere Füße ausgraben. Das hat so einen Saugeffekt, und es schmatzt gewaltig, bis alle zwölf Füße wieder obenauf sind. Dann stampfen wir weiter. Unsere italienischen Konkurrentinnen singen fröhlich italienische Lieder und wiegen sich in den Hüften, dabei drehen sie sich langsam im Kreis, und ich möchte das am liebsten filmen. Es ist ein Bild wie aus einem alten Visconti-Film mit Claudia Cardinale.

»So, Mädels, was die können, können wir auch«, sage ich zu meiner Gruppe, und eh ich mich versehe, stampfen wir im Rhythmus des Volksliedes »Hoch auf dem gelben Wagen«. Links, rechts und immer hoch das Bein, und wieder runter mit Schmackes, dann wieder hoch, links, rechts und runter und wieder hoch! Oje, das geht in Oberschenkel und Waden! Auch wir drehen uns langsam im Kreis und versuchen so jede Dolde zu erwischen. Wir haben ja unterschiedliche Füße. Kleinere schmale, größere feste, platte, gewölbte. Alle Formen sind hier vertreten. Irgendwie ist es total lustig, und während wir so vor uns hinstapfen, überlegen wir, was wir als Nächstes singen.

Ich kann ein bisschen jodeln und stelle mir vor, wenn ich so aus voller Kehle anfange zu jodeln, könnte das eventuell die Italiener irritieren, überhaupt sollten wir sie ein bisschen ärgern. Also hopse ich jodelnd im Bottich herum und drehe mich nach unserem Gegenüber um, um die Wirkung zu sehen, jedoch bekommen wir in der Sekunde eine neue Ladung Trauben über die Füße gekippt, und ich kriege meine Beine nicht so schnell aus der flüssigen Masse. Ich kippe leicht auf die Seite und knicke mit einem Bein ein, dabei verliere ich das Gleichgewicht und ziehe meine Nachbarin nach unten, die wiederum sich aus den Armen ihrer Nachbarin nicht rechtzeitig befreien kann … und plumps liegen wir sechs alle im Matsch! Hallo, das ist ein Gelächter, als wir uns wieder aufrichten! »Kommt mal ganz schnell raus«, rufen uns die drei unterforderten Mitquetscherinnen zu. Drei von uns klettern prustend aus dem Bottich, ich will noch nicht, möchte ich doch die verlorene Zeit wieder reinholen, denn unsere starken Männer laufen schon wieder mit vollen Bütten in unsere Richtung. Fleißig sind sie, und offensichtlich macht es ihnen auch Spaß. »Auf geht's, Weibla«, ruft einer von ihnen, »stampfa, stampfa, was des Zeug hält, mi wollet die Bohnefressa in Grund und Bode stampfe, gelle«, und zack!, werden wir mit einer neuen Ladung überschüttet. Der hat gut reden, denk ich mir, spüre ich doch bereits stechende Schmerzen im Rücken, und meine Beine sind schwer wie Blei.

Doch ich lass mich nicht unterkriegen, schon gar nicht, weil soeben Bruno, der mein Malheur beobachtet hat, in schallendes Gelächter ausbricht. Na warte, dem zeigen wir's! Genau, wir stampfen sie jetzt in Grund und Boden, rechts, links, rechts, links. »Wollt ihr was trinken?«, ruft uns eine mit Bechern und Weinkrug beladene Deutsche zu, und so lassen wir uns die Becher mit eiskaltem Weißwein füllen, prosten uns zu und trinken in einem Zug alles aus. Gestärkt und neu motiviert geht es weiter. Mehr und mehr füllt sich unser Behälter mit der matschigen Flüssigkeit, bis zum Knie sinken wir mittlerweile ein, immer wieder wechseln wir uns ab, auch ich unterbreche mehrmals, stelle meine Füße zur Abkühlung in den Frischwasserkübel, setze mich auf ein Höckerchen und strecke mich. Jaja, ich bin halt auch nicht mehr 20, denke ich mir, genieße jedoch diesen wunderbaren Tag.

So geht es bis Sonnenuntergang, es finden noch mehr Wettkämpfe statt, aber mir hat das Traubenstampfen am besten gefallen. Ich bin gespannt, wie Carlo nun die Gewinner ermitteln will, und natürlich auch, wer gewonnen hat.

Eine Truppe Italiener, bewaffnet mit Zollstöcken, Schreibblock und Kugelschreiber, bittet uns alle aufzuhören und aus den Bottichen zu steigen. Uns werden Wasser und Wein angeboten, frische Handtücher und Wasserkübel gereicht, und während wir uns wieder in zivilisierte Menschen verwandeln, messen die Herren die Höhe der Weinmasse in den jeweiligen Behältern. Das Ergebnis wird auf dem Block eingetragen. Mittlerweile kommen auch alle Männer aus dem Weinberg zurück. Langsam und mit gekrümmten Rücken, stöhnend, aber dabei fröhlich strecken sie ihre Glieder und greifen beim Wein ordentlich zu. Bruno sieht auch nicht mehr so taufrisch aus. Ich stelle mich zu ihm und frotzel ihn ein wenig: »Schatz, wenn das mit der Schauspielerei nicht mehr klappt, kannst du ja bei Carlo anheuern, du hast ja jetzt deinen Einstand gegeben.« »Hahaha, wer zuletzt lacht, lacht am besten!«, jammert er, während er seine anscheinend schmerzende Schulter im Kreis dreht. Ich gebe ihm zur Linderung einen Kuss.

Nun müssen wir Teamführer vortreten, und es geht an die Preisverleihung.

THE WINNER IS? DAS DEUTSCHE TEAM!!!!!!

Jubel bricht aus, als hätten wir die Goldmedaille im Weinstampfen gewonnen. Und genau so ist es dann auch! Ich muss vortreten und bekomme für das gesamte deutsche Team eine mit Reben verzierte Goldmedaille verliehen. Sie hängt an einer Banderole mit den italienischen Nationalfarben, und wir dürfen uns jetzt Weinstampfköniginnen nennen.

Mein Schatzi ist ein bisschen betrübt, ist er halt viel lieber Sieger als Verlierer, aber da muss er durch. Dafür geht seine Mannschaft beim Tauziehen als Sieger hervor. Nach viel Blabla, Schulterklopfen und Zuprosten ziehen sich alle in ihre Zimmer zurück, um sich für das Abendessen zurechtzumachen. Auch wir parken unser Wohnmobil an einen besseren Platz und legen uns erst mal für ein halbes Stündchen auf unser Bett. Eigentlich will ich ein bisschen schlummern, aber Brunos Magen rumort derartig, dass ich nicht einschlafen kann. Sicherlich hat er wieder jede Menge Trauben genascht, während er gepflückt hat. Er liebt Weintrauben! Kein Wunder, dass es so grummelt bei ihm, hat er doch mindestens drei Becher Wein bei der Preisverleihung getrunken. Die Beeren schwimmen also jetzt in seinem Bauch. Das Abendessen wird wohl ohne ihn stattfinden.

Also begebe ich mich allein in den wunderschönen Saal, der ursprünglich eine Scheune gewesen sein muss. Überall stützen Holzbalken das Dach ab. Lange weißgedeckte Holztische stehen in Reihen, und auf den davorstehenden Holzbänken mischen sich die Nationen.

Die Stimmung ist großartig, und genüsslich verspeisen wir ein Mahl, wie ich es selten genießen durfte. Alles stammt aus eigenem, ungespritztem Anbau, die Tiere wachsen artgerecht auf, der Wein wird selbst gekeltert und aus biologisch angebauten Trauben erzeugt, die Menschen, die für diesen Betrieb arbeiten, werden gut behandelt und entlohnt – und dazu kommt noch die wunderbare Gastfreundschaft! Da kann ich nur sagen: CARLO, ICH KOMME WIEDER!

6. TAG

Deutsch-italienische Wettkämpfe – wir besuchen einen alten Freund
Bruno

»Erzähl mir von deinem ersten Kuss.«

»Was kommt dir denn plötzlich in den Sinn? Wollen wir nicht lieber Musik hören?«

»Wie alt warst du?«

»Fünfzehn. Schatz, streck doch bitte deine Hand nicht so weit aus dem Fenster. Ich an deiner Stelle würde es nicht auf weitere Zusammenstöße anlegen.«

»Aber das ist so schön. Egal, ob ich den Arm ausstrecke oder heranziehe, es ist, als wenn er von einem Gummi gehalten wird. Ich fühle mich dann so entspannt, und je öfter ich das mache, desto geschmeidiger fühlt sich die Hand an, und nach einer Weile meint man, der Arm bewegt sich von allein. Du fahr, lass dich nicht ablenken. Also?«

»Ich war fünfzehn und hatte mich mit Laura im Zoo verabredet.«

»Ach ja, stimmt, deine erste Freundin hieß Laura, das hattest du mir erzählt. War sie so alt wie du?«

»Nein, ein Jahr älter. Ich hatte sie überredet, die Schule zu schwänzen. Da gab es nur ein kleines Problem.«

»Und das wäre?«

»Sie wusste nichts davon.«

»Wovon?«

»Dass sie meine Freundin war.«

»Bitte?!«

»Ich hatte mir vorgenommen, es ihr bei unserem Rendezvous bei den Giraffen zu sagen, denn sie mochte diese Tiere so gerne. Um diesen feierlichen Augenblick zu besiegeln und ihr meine Gefühle zu beweisen, wollte ich ihr ein kleines Geschenk überreichen, besser gesagt, ein richtig großes ...«

»Einen Ring?«

»Genau!«

»Ach ja, mit fünfzehn! Die große Liebe!«

»Aber nicht irgendeinen Ring, sondern den Fanring von Juventus Turin mit dem Zebra drauf, das sich aufbäumt.«

»Häh???«

»Wir waren beide Fans von Juventus. Der Ring hätte ihr bestimmt gefallen. Und dieses kleine Schmuckstück war noch eine Sonderedition: Wenn man leicht darauf drückte, klappte das Zebra auf, und darunter erschien ein Bild von Paolo Rossi.«

»Paolo Rossi? Wer war das?«

»Was heißt hier, wer war Paolo Rossi, Juttaaa?! Einer der größten Fußballer des zwanzigsten Jahrhunderts, mit sechs Treffern Torschützenkönig der WM, Europas Fußballer des Jahres und Weltfußballer des Jahres 1982, Paolo Rossi, die Fußball-Legende!«

»Entschuldigung, ich wollte dich nicht beleidigen. Du weißt doch, ich habe nur wenig Ahnung, besser gesagt: nicht den blassesten Schimmer von Fußball.«

»Ich hatte den Ring also hübsch eingepackt und wusste nur noch nicht genau, was ich aufs Kärtchen schreiben sollte – ›An Laura‹ oder ›Für Laura‹.«

»Du und deine Gewissenkonflikte!«

»›Für Laura‹ würde wesentlich besser klingen, dachte ich. Viel ausdrucksstärker. Schließlich nahm ich mein Päckchen und steckte es in die Tasche.«

»BREMMMSEN, SCHAAAF VORAAUUS!«

Instinktiv weiche ich rechtzeitig aus, das Schaf ist gerettet.

»Schatz, schrei bitte nicht so. Du erschreckst mich!«

»Dann schau gefälligst beim Fahren auf die Straße. Wenn das ein Kind gewesen wäre ...«

»Ich bezweifle, dass mitten auf einer Schnellstraße irgendwo ein Kind auftaucht.«

»Aber zumindest ein Babyschaf! Hast du gesehen, wie klein es war! Vielleicht sollten wir anhalten und nachschauen. Es hat bestimmt einen Riesenschrecken bekommen.«

»Nur keine Sorge, dem geht's gut. Und wenn der Hirte es nicht findet, läuft es ganz allein in den Stall.«

»Wo sind wir?«

»Fast in Lecce, bald müssen wir abfahren, dann auf die Statale 101 nach Leverano.«

»Laura.«

»Nein, Leverano.«

»Ich meine deine Freundin!«

»Ach so, ja, Entschuldigung. Also gut, ich war gerade beim Ring. Am nächsten Tag war ich natürlich mordsmäßig nervös, weil ich mich auf keinen Fall blamieren wollte. Ich duschte ausgiebig, na ja, so wie du eben immer. Mit Honig-und-Weißdorn-Shampoo, Meeresalgenspülung, Zedernduft-Deo und als Aftershave Pino Silvestre.«

»Uh, was du dir alles merken kannst!«

»Ich kämmte mich sorgfältig und nahm aus dem

Nachttisch meines Bruders ein wenig Weißer-Moschus-Haargel extra strong. Vielleicht habe ich auch ein wenig übertrieben, aber schließlich sollte es den ganzen Tag halten.«

»Achtung! Hier musst du abbiegen.«

»Stimmt, die *Salentina*. Es war ein ganz besonderer Tag für mich, ich wollte auf jeden Fall einen guten Eindruck hinterlassen. Also zog ich das senffarbene Jackett von meiner Erstkommunion an, von dem Mama die Säume ausgelassen hatte, und die schwarz-weiße Krawatte meines Vaters, auch ein großer Juventus-Fan. Dann war ich bereit für das Rendezvous mit meiner Süßen.«

»Bist du sicher, dass das die richtige Ausfahrt ist?«

»Hundertprozentig, keine Sorge. Um ja nicht als notorischer Zuspätkommer dazustehen, war ich eine Stunde zu früh da. Ich nutzte die Zeit, um zwei Runden durch den Zoo zu drehen, ich wollte den besten Busch finden, hinter den wir uns zum Knutschen zurückziehen könnten. Wir hatten uns um elf verabredet. Schon von weitem sah sie wunderhübsch aus. Während sie näher kam, sie hatte mich noch nicht bemerkt, versuchte ich, eine Haltung einzunehmen, die natürlich wirken und gleichzeitig meine Figur am besten zur Geltung bringen sollte.«

»Das heißt?«

»Ich habe ein Dutzend Positionen ausprobiert, aber irgendwie fand ich keine gut.«

»Hahaha …«

»Na ja, je näher sie kam, desto konfuser wurden meine Versuche und Verrenkungen. Bis sie dann vor mir stand und fragte: ›Ciao Bruno, warum hast du denn eine Hand hinter dem Ohr und eine unter der Achsel?«

»Ach, das kann ich mir prima vorstellen, hahaha!«

»Der Zoo war eindeutig eine Superidee. Zwischen den Gehegen gab es immer wieder Wege, wo man mal verschwinden konnte. Das war der ideale Ort zum Knutschen, wenn man blaumachte. Zumindest hatten das meine älteren Schulfreunde gesagt. Wir steuerten sofort das Giraffengehege an. Als wir dort ankamen, ließ ich ihr nicht einmal die Zeit, die Tiere zu betrachten. Ich zog sie an mich und umarmte sie so heftig, dass ihr die Luft wegblieb. Dann schloss ich die Augen und küsste sie. Intensiv, leidenschaftlich: Ich war angespannt, aufgeregt, und als ich an ihren Lippen hing, meinte ich zu fliegen.«

»Und dann?«

»›Ich habe eine Überraschung für dich, gib mir deine Hand‹, sagte ich nach diesem Kuss zu ihr. Mit zitternden Händen holte ich die Schachtel aus meiner Tasche: ›Hier, jetzt kannst du die Augen wieder aufmachen.‹ ›Was ist das?‹ ›Pack aus. Das ist ein Geschenk für dich.‹ Sie wickelte es aus. In dem Moment streckte eine Giraffe den Hals über die Gitterstäbe des Geheges und ...«

»Und?«

»Wusstest du übrigens, dass Giraffen nicht nur den Hals wahnsinnig lang machen können, sondern auch ihre Zunge bis zu fünfzig Zentimeter lang sein kann?«

»Nein, wirklich?«

»Und dass diese Zungen extrem greiffähig sind, das heißt, sie haften an jeder Oberfläche und können alles ausrupfen oder packen?«

»Sag mir jetzt nicht, die Giraffe hat den Ring gefressen!«

»Doch.«

»Aber darüber musst du eine Geschichte schreiben! Hahaha, das ist zu komisch! Und wie ist es ausgegangen?«

»Wir haben trotzdem geknutscht, auch ohne Ring.«

»Hahaha! Ich schmeiß mich gleich weg vor Lachen!«

»Leverano! Hier war das Schild! *Comune Virtuoso d'Italia*. Was soll das denn heißen?«

»Das heißt, dass es hier in dieser Gemeinde kaum Bauspekulationen gibt, Umweltschutz ernst genommen wird, die Mülltrennungsrate extrem hoch ist, in den öffentlichen Gebäuden auf Energieeffizienz geachtet wird und so weiter ...«

»Liebe zur Umwelt?«

»Ganz genau. Auch der Bauernhof, wo wir übernachten, ist streng ökologisch, es wird dir dort gefallen.«

»Ich liebe Apulien! Und weit zum Meer ist es auch nicht! Juchuhuhuuu!«

Wir fahren auf der Landstraße. Links von uns liegt der alte Bauernhof, auf dem Carlo und ich uns im Alter von acht Jahren kennengelernt haben. In den folgenden zwei Jahren, als ich in den Sommerferien wieder nach Apulien kam, wurden wir dicke Freunde. Später haben wir uns auch noch getroffen, aber die Abstände wurden immer größer. Da ich in Rom lebte und wir unterschiedlichen Berufen nachgingen, blieb das nicht aus.

Doch vor ein paar Jahren haben wir uns darum bemüht, diese Freundschaft wieder aufzunehmen, vor allem, weil wir uns noch so gut verstanden wie früher und weil es immer wieder schön ist, hierher zu kommen. Carlo und seine beiden Brüder haben es geschafft, den Hof zu einem größeren und breiter aufgestellten Agrarbetrieb und Agriturismo auszubauen. Ihre Olivenhaine liefern bestes Öl, und die Weinberge zählen zu den ertragreichsten in der Gegend. Obst und Gemüse werden biologisch angebaut, und auch bei der Weiterbehandlung wird höchste Sorgfalt auf den Erhalt des natürlichen Aromas gelegt.

Wie bei Gennaro habe ich beschlossen, Carlo mit unserem Besuch zu überraschen, und er scheint es völlig normal zu finden, dass wir mit einem Camper anreisen. Da bei unserer Ankunft gerade das Weinlesefest beginnt, müssen wir sofort Schuhe und Strümpfe ausziehen. Er nötigt uns in Arbeitshosen und erklärt uns sofort, wie der erste Wettbewerb ablaufen wird: das Wettkeltern. Zwei Gruppen von Sommergästen, Italiener und Deutsche, die hier im Agriturismo Urlaub machen, müssen barfuß in die Fässer steigen und die Trauben keltern. Die Tradition schreibt vor, dass die Frauen die Trauben mit den Füßen stampfen. Die Mannschaft, die den meisten Most produziert, gewinnt! Der Wettkampf beginnt mit einem kurzen Hindernislauf der Männer zwischen den Reben, am Ende muss man die Schütten mit den Trauben in Bottiche ausleeren. Unter lauten Anfeuerungsrufen starten wir. Danach sind die Frauen an der Reihe.

Jutta wird Kapitän der deutschen Mannschaft, ich führe das italienische Team an. Es ist ein großartiges

Spektakel. Unter lauten Anfeuerungsrufen geben alle ihr Bestes. Irgendwann fällt Jutta in den Most, nachdem sie eifrig die Trauben gestampft hat, und hat gleich fünf Mitstreiterinnen mit sich gerisssen. Sie hatten die Lacher auf ihrer Seite, als sie wieder aus dem Fass herauskamen und am ganzen Körper über und über mit Schalen bedeckt waren!

Carlo, der den Schiedsrichter gibt, sagt, dass Jutta mit ihren Füßchen am besten und zartesten die Schalen der Trauben zerdrückt hat, was gut für den späteren Wein sei. Sie nimmt das Kompliment gern entgegen, und die zwei verstehen sich auf Anhieb prächtig. Carlo reißt sogar auf meine Kosten ein paar Witzchen, wobei er gegen die Regel der Unparteilichkeit verstößt. Ein toller Schiedsrichter!

Die zweite Wettkampfdisziplin ist das Fassrollen. Es ist der härteste Wettkampf, bei dem es daher auch am meisten Punkte zu holen gibt. Drei Teammitglieder müssen ein volles Fass den ganzen Weg zum Weinkeller des Bauernhofs rollen. Auf halber Strecke nach oben (sie führt mal bergauf, mal bergab) darf gewechselt werden und dann noch einmal am Ende des Gefälles. Die Mannschaft, die am Ende das Fass am schnellsten und ohne Pannen ins Ziel gerollt hat, trägt den Sieg davon. Doch leider sind auch diesmal die anderen besser: Etwa ein Dutzend Meter von dem Brunnen entfernt, von dem wir gestartet sind, entgleitet das 225-Liter-Fass unseren Händen, rollt über den Kies und bricht nach links aus. Einer meiner Teamgefährten versucht noch, es aufzuhalten, aber er hat keine Chance. Es ist zu schwer. Und für die Verwendung von Hilfsmitteln wie Felsbrocken oder Steinen gibt es Strafpunkte. Das Fass rollte gegen einen Baum. Zum Glück ist es aus Eichenholz und daher ziemlich stabil. Immerhin ist der Wein gerettet. Ich dagegen sitze immer noch auf meinem Hintern oben auf dem Hügel. Mit wenig, aber sorgfältig kontrolliertem Schwung kommen die Deutschen ins Ziel. 2:0 für sie.

Doch davon lassen wir uns nicht unterkriegen! Wir können immer noch beim Tauziehen punkten. Dafür wird zunächst jeder Teilnehmer gewogen, und Carlo, der das Wiegen höchstpersönlich übernommen hat, notiert das Gewicht auf einer Tafel. Wenn ein Team schwerer ist als das andere, kann der Schiedsrichter einige Mitglieder aus der Mannschaft nehmen oder Reservespieler einwechseln lassen, damit das Gewicht auf beiden Seiten gleich verteilt ist. Zunächst ziehen auf jeder Seite acht Mitspieler am Seil.

Carlo hat quer über das Wettkampfgelände eine Linie gezogen und in der Mitte des Seils eine Markierung angebracht, über die keiner der Spieler greifen darf. Sich das Seil um den Körper zu wickeln, ist ebenfalls verboten. Jeder Spieler muss es mit beiden Händen fest packen, Handflächen nach oben. Hinsetzen oder sich das Tau um die Hände zu wickeln, ist auch verboten; und nur die Füße dürfen den Boden berühren. Nach drei Regelverstößen innerhalb eines Zugversuchs wird ein Team disqualifiziert. Und es wird nie länger als drei Minuten gezogen. Am Schluss gewinnt das Team, das es geschafft hat, die Füße von vier Mitspielern der gegnerischen Mannschaft über die Trennlinie zu ziehen.

Nach massiven Protesten und Pfiffen der Italiener, weil der Schiedsrichter eindeutig die deutsche Mannschaft bevorzugt hat, kann er am Ende nicht anders und muss uns den Punkt geben.

Ich bin vollkommen fertig. Waren es die Wettbewerbe oder die ungewohnte körperliche Anstrengung? Oder habe ich vielleicht zu viele Trauben gegessen? Jedenfalls verbringe ich den Rest des Tages im Camper und versuche mit Bananen und Zwieback meinen aufgebrachten Darm zu beruhigen.

Draußen vergnügen sich Jutta und Carlo bei Würstchen, Steaks vom Grill, neuem Wein, Tanz und Feuerwerk.

Ich dagegen brauche ein paar Stunden, um mich zu erholen. Die Hälfte davon verbringe ich auf der Toilette. Doch ich bekomme jede Menge Besuch, meine Teammitglieder sehen nach mir, Carlo war so aufmerksam und hat mir zum Abendessen einen Teller Reis gebracht, den er ohne einen Tropfen Öl zubereitet hat. Inzwischen ist es fast Mitternacht, und ich habe noch keine Lust, ins Bett zu gehen. Ich hole eine DVD aus dem Koffer, die mir meine Tochter geliehen hat, und lege sie in mein Notebook ein. Danach schicke ich ihr eine SMS.

»Hallo, ich habe gerade den Film geguckt, den du mir geliehen hast. Sehr unterhaltsam! Alles gut? LG Papa.«

Um zwei lege ich mich endgültig hin, doch mein Schlaf ist sehr unruhig. Vor meinem inneren Auge ziehen lauter Bilder von Jutta vorüber, und manchmal weiß ich nicht, ob ich träume oder ob es eine Erinnerung ist.

Jemand muss etwas in den Mülleimer geworfen haben, der draußen neben unserem Camper steht. Das Knallen des Deckels lässt mich ruckartig hochfahren. Ich sehe auf die Uhr: Viertel vor drei, und Jutta ist immer noch nicht zurück! Ich lasse meinen Kopf tief in die Kissen sinken und starre an die Decke. Jetzt bin ich hellwach. Mein Handy meldet sich, eine SMS. Auf dem Display steht: »Freut mich, dass er dir gefallen hat. Ich habe dir vor fünf Tagen eine Mail geschickt. Hast du sie gelesen? Küsschen auch von Luca, XX.« Ich schalte mein Notebook ein. Einige Sekunden vergehen ... dann: zehn Mails erhalten. Die Zahl steigt sprunghaft an. Noch mal zehn, dreißig, vierundfünfzig ... fünfundfünfzig! Da brauche ich ja mehr als die ganze Nacht, um die zu lesen. Ich schließe einen Moment die Augen, dann fange ich bei den ersten Mails an:

Der schnellste Weg zum Erfolg ist die Wiederherstellung deiner Manneskraft!
Ein Wunderding für deinen Ruf als Sexgott!
Penisverlängerung jetzt!
Nur der beste Treibstoff für deine Rakete!

Ich scrolle weiter, bis ich zur ersten Mail komme, die als Betreff nicht Viagra oder Testosteroncremes hat. Endlich entdecke ich die Nachricht von Martina. Betreff: »*Grüße aus Gaeta*«. Ich klicke auf die Mail und öffne ein Foto von Jutta und mir, wie wir auf der Piazzola dell'Arenauta den Ersatzreifen halten: »Seht ihr nicht witzig aus? Küsschen, Marty.«

Lächelnd schalte ich den Computer aus. Plötzlich höre ich etwas und schrecke wieder hoch. Es ist Jutta, die sich an der Tür zu schaffen macht.

»Schatz, kommst du auch schon?! Hast du dich gut amüsiert?« Doch Jutta will gar nicht mehr reden. Müde kuschelt sie sich an mich, und kurz darauf höre ich, dass sie tief und fest schläft. Ob das wohl an der »beruhigenden Wirkung« der Trauben liegt?

7. TAG

Zum Abschluss Perlen der apulischen Küste: Gallipoli, Santa Maria di Leuca und Otranto
Jutta

Es gibt kein schöneres Erwachen, als wenn der Liebste besorgt fragt: »Wie geht es dir, *tesoro, tutto bene?*«

»*Molto bene, amore, perche*?«, antworte ich, irgendwie kommt mir seine Anteilnahme verdächtig vor. Ob er wohl was ausgefressen hat, oder will er mich zu etwas überreden? Vielleicht wünscht er sich aber auch nur, dass ich ihn frage, wie es ihm geht.

Bruno hat nämlich so seine Eigenheiten. Wenn er zum Beispiel hungrig ist, dann sagt er nicht »Du, Schatz, ich brauche jetzt was zu essen, wie schaut es aus?«, sondern er fragt mich ganz scheinheilig: »Liebling, möchtest du etwas essen?« Antworte ich mit nein, verbringt er lieber die nächsten zwei Stunden mit knurrendem Magen, stets in der Hoffnung, dass ich vielleicht doch etwas koche, aber er sagt nichts.

Es könnte daher sein, dass es ihn irgendwo zwickt und er darauf wartet, dass ich ihn anspreche. Die Frage ist nur, ob ich jetzt Lust auf sein Gejammer habe. Also sag ich erst mal gar nichts und werde es mir im Bad beim Zähneputzen überlegen.

Als ich mich mit Elan aus dem Bett schwingen will, fühlen sich meine Beine schwer wie Blei an.

Kein Wunder nach dem gestrigen Tag. In der Toilette muss ich mich am Waschbecken festhalten und hochziehen, weil ich so einen Muskelkater habe, dass ich nicht aufstehen kann. Beim Zähneputzen, wobei ich mich vorbeugen muss, um nicht neben das Becken zu kleckern, kann ich mich kaum noch aufrichten, weil mir die Kraft fehlt. Ja, um Himmels willen, was ist denn nur mit mir los!?

Ich rufe aus dem Bad laut nach Bruno.

»Bruno, komm mal, ich fühle mich, als wäre ich 80, ich bin über Nacht 'ne alte Krücke geworden.«

»Ich kann nicht, weil ich mich nicht bewegen kann, mein Rücken tut mir ganz schrecklich weh, gut, dass es dir auch so geht!«

»Na, danke schön, mein Lieber, für deine Hilfe!« Mühsam rappel ich mich wieder auf in die Senkrechte und steig in die Dusche, in der Hoffnung, dass wir warmes Wasser haben, das ich mir über den Körper rinnen lassen kann. Natürlich, wie kann es anders sein, ist es kalt. So, dann pack ich jetzt meine Waschutensilien und krieche ins Hauptgebäude, es wird ja dort sicher eine Dusche geben.

»Bruno, ich geh jetzt drüben duschen, willst du mitkommen oder nicht?«, frage ich das Jammerbündel. Er hat sich wieder hingelegt, bräuchte noch etwas Zeit, um sich zu sammeln, ich hätte so tief geschlafen heute Nacht, dass ich wohl gar nicht mitbekommen hätte, wie schlecht es ihm gegangen wäre. Die halbe Nacht hätte er auf dem Klo verbracht, und das Aufstehen mit diesem Muskelkater wäre höllisch gewesen. Das verstehe ich nun gar nicht, da ich die Trauben und das köstliche Mahl bestens vertragen habe.

Normalerweise geht es mir immer gleich besser, wenn ich eine Weile laufe oder mich bewege, jedoch heute scheint das nicht der Fall zu sein.

Das *bagno* lädt dann wirklich zum Verweilen ein, und so lasse ich heißes Wasser in die Badewanne laufen, schütte eine geheimnisvoll nach Kräutern und Blumen duftende Essenz dazu und gleite hinein ins Badevergnügen. Ah, das tut gut! Das ungeduldige Klopfen an die Badezimmertüre einiger Herrschaften überhöre ich geflissentlich. Jetzt bin ich drin, und es wird ja wohl noch ein paar andere Badezimmer auf diesem riesigen Gut geben. Ich muss jetzt meine steifen Glieder aufweichen, mich dann neu zusammensetzen, und dann bin ich wieder die Alte.

Als ich eine gute halbe Stunde später wesentlich beschwingter ins Wohnmobil zurückkehre, liegt Bruno Schlaf vortäuschend im Bett. Ich ziehe mich geräuschvoll an, versuche aus mir eine ansehnliche Frau zu machen, föhne die Haare, singe, weil er das so gerne hat, ein bayrisches Gstanzl, aber ich krieg den Mann einfach nicht munter. Stöhnend dreht er sich um und jammert, dass er heute nicht aufstehen kann. Jaja, wenn Männer leiden. »*Amore*, ich gehe jetzt frühstücken, die haben bestimmt ein wunderbares Frühstück bereitet mit bestem biologisch angebauten Kaffee, frischen selbstgebackenen Croissants und *panini*, köstlichster Marmelade und Honig, ganz zu schweigen von den Eiern der freilaufenden Hühner und dem Schinken der gestreichelten und massierten glücklichen Schweinchen und der Kuhmilch, der man natürlich anmerkt, dass die Kuh bei Tangomusik gemolken wurde«, schwelge ich und verschwinde Richtung Restaurant, weiß ich doch, dass er dieses Bild nun einige Minuten in seinem Kopf bewegt und dann neidisch darauf, weil ich etwas habe, was er nicht hat, so schnell wie möglich nachkommt.

Im Frühstücksraum herrscht bereits fröhliches Treiben. Vorherrschend auch hier das Thema Muskelkater, jeder hat seine frühmorgendliche Aufstehgeschichte und trägt so zur allgemeinen Erheiterung bei. Wo Bruno denn sei, werde ich gefragt und habe somit auch etwas zu erzählen, denn ich verschweige lieber, dass ich diejenige war, die das Bad so lange blockiert hat. Kein Wunder also, dass er, als er dann endlich auftaucht, mit großem Hallo begrüßt wird. Das ist die gebührende Begrüßung für den Kapitän der italienischen Mannschaft. Mit Verlierern muss man freundlich umgehen. Bruno wächst zusehends mit dem Bedauern, das ihm entgegengebracht wird. Hier kann er nun endlich von all seinen nächtlichen Plagen erzählen und läuft nicht Gefahr, nicht ernst genommen zu werden. Amüsiert sitze ich dabei und halte mich beim Bedauern raus, dafür genieße ich das wirklich großzügige Frühstück.

Am späten Vormittag brechen wir auf, jedoch nicht ohne uns mit Olivenöl, frischer Pasta, verschiedenen Soßen für die Nudeln, getrockneten Trüffeln, duftenden Tomaten und Basilikum und zwei Kisten Rot- und Weißwein einzudecken. So gestärkt reisen wir mit dem Versprechen ab, bald wiederzukommen.

Mein armer Schatz leidet auf der kurvenreichen Straße nach Gallipoli. Wir fahren durch jede Menge Dörfer, es ist erstaunlich viel Verkehr, und er muss andauernd die Kupplung treten und die Gangschaltung betätigen. Das ist für den lädierten Rücken und die verhärtete Beinmuskulatur eine Herausforderung. Ich hingegen kann mich entspannt auf dem Beifahrersitz fläzen und die Landschaft genießen.

Da muss ich doch wenigstens hin und wieder »*Poverino*, du armer, armer Mann« zu ihm sagen und seinen Nacken kraulen.

Sanft hügelig zieht sich die Strecke zum südlichen Ende des Absatzes. Immer wieder entdecke ich wunderschöne Häuser im Fin-de-Siècle-Stil in prachtvollen Gärten am Straßenrand. Ein ganz anderer Baustil als sonst in Italien. Leider sieht man auch hier, dass das nötige Kleingeld fehlt, um diese Gebäude in Schuss zu halten, aber das Morbide hat auch seinen Charme. Vielleicht ist es ja mehr eine deutsche Sehnsucht, immer alles schön und intakt haben zu wollen. Hier mauert man schlicht ein Fenster zu, wenn das Jugendstilbleiglasfenster zu Bruch gegangen ist. Ein eingefallenes Eingangsportal wächst nach wenigen Monaten mit Blumen zu, man betritt das Haus einfach durch den Hintereingang und überlässt die Treppe der Natur. Manchmal, wenn ich in Fotobänden über Architektur blättere, bin ich gerade von solchen Motiven hell begeistert. Zeigen sie doch die Vergänglichkeit des Schönen so gelungen, dass man zu gern Besitzer einer solchen Idylle wäre. Die Realität jedoch ist eher ernüchternd. Wie oft stehen diese ehemaligen Prachtbauten an lauten, stinkenden Hauptstraßen, die der Fotograf schlicht weggezaubert hat. Bruno betont dann immer, dass er es bedauert, in diesem Jahrhundert geboren zu sein. Sein Lieblingsjahrhundert ist das der Renaissance. Ich tröste ihn dann mit der Vermutung, dass er bestimmt zu der Zeit gelebt hat und sich nur nicht mehr daran erinnert. Sind wir beide doch ganz fest davon überzeugt, dass wir uns schon in anderen Leben begegnet sind. Wer weiß, vielleicht war ich ja seine *principessa*, und er hat mich mit Pfeil und Bogen oder Schwert und Degen verteidigt. Oder wir haben gemeinsam einen Postzug überfallen und sind mit der reichen Beute getürmt. Unsere Phantasie ist grenzenlos. Heute wünscht er sich, dass ich Besitzerin eines Massagesalons bin und er mein einziger Kunde.

»Träum weiter, mein Schatz, nun parkst du erst mal auf einem für Wohnmobile freigegebenen Parkplatz in Gallipoli, setzt dich mit einer Zeitung in die Sonne und schlürfst einen Cappuccino, während ich ein wenig shoppen gehe«, fordere ich meinen angeschlagenen Gefährten auf.

Gallipoli fasziniert allein durch seine Lage im südlichsten Zipfel Apuliens eigentlich mehr als durch besonders aufregende Boutiquen. Es ist jedoch schön, mal wieder durch eine hübsche unbekannte Hafenstadt zu schlendern. Bruno hat mir so viel Zeit zugestanden, wie ich möchte, heute drängt uns keine große Reiseroute zur Eile. Bruno hat ein nettes Plätzchen an der Stadtmauer gefunden, mit Blick aufs Meer, wo ich ihn in circa einer Stunde wieder abholen soll. Er muss sich nun erst mal ausruhen. Soll er, denk ich mir und stiefle los.

Die Stadt kann man fast gänzlich auf der Mauer umwandern. Ich lasse mich treiben, verlasse den Mauerweg, um durch die verschlungenen Gassen zu schlendern. Ich setze mich auf die Kaimauer und lass die Beine baumeln, während ich ein Eis schlecke, probiere in Schuhgeschäften Highheels, die ich niemals tragen werde, und gucke neugierig in Boutiquen, die Sommerfähnchen zum Schleuderpreis feilbieten, um sie ohne Tüten wieder zu verlassen. In einem Ledergeschäft schlage ich dann doch zu und kaufe mir ein hübsches neues Portemonnaie in rotem auf Krokodil geprägtem Rindsleder, was schon lange fällig war, da mein altes bereits gehörig Patina angelegt hat. Hin und wieder bleibe ich bewundernd vor einem schönen Haus stehen, und so vergeht die Zeit im Fluge, und ich mache mich auf den Rückweg. Der gestaltet sich jedoch schwieriger, als ich gedacht habe. Bin ich doch kreuz und quer gelaufen und habe mich immer nur am Meer orientiert. Nun scheine ich aber auf einer ganz anderen Seite herausgekommen zu sein, denn vor mir breitet sich der Hafen aus, in dem furchteinflößende Schiffe der Marine liegen, mit großen Rohren, aus denen mit scharfer Munition geschossen werden kann. Scheußlich, diese mausgrauen Stahlboote. Auch ein U-Boot liegt im Hafen mit offener Einstiegsluke, was jedoch meine Neugier weckt. So sehr es mich auch beim Gedanken, in so einem Ding in den Tiefen des Meeres gefangen zu sein, gruselt, so fasziniert bin ich von der Idee, einmal darin mitzufahren. Wer weiß, vielleicht war ich ja in einem früheren Leben Marinesoldat, und ich habe ein Déjà-vu!

Am besten ich versuche meinen Weg zu rekonstruieren und gehe wieder den gleichen Weg zurück. Gallipoli entpuppt sich jedoch als Labyrinth. Kommen mir die Gassen bekannt vor, stellen sie sich als neu heraus, glaube ich, geradeaus gegangen zu sein, lande ich kurz darauf wieder am Ausgangspunkt. Bevor ich mich jedoch weiter verirre, beschließe ich den längeren, aber dafür sicheren Weg über die Stadtmauer zu nehmen, und als ich mich schließlich erschöpft auf einen Stuhl neben Bruno fallen lasse, hat dieser sich schon leicht beunruhigt gefragt, wo ich denn so lange war. So aufregend könnte Gallipoli doch nicht gewesen sein, meint er. Die Parkzeit wäre bereits abgelaufen, und ein Knöllchen in Italien ist teuer. So schnell es unser Muskelkater zulässt, begeben wir uns zu unserem Wohnmobil.

Glück gehabt, kein Strafmandat pappt an der Windschutzscheibe, also nichts wie weg.

Wir fahren nun ein Stückchen über Land bis an den äußersten Zipfel des Absatzes, wo laut Bruno der schönste schneeweiße Sandstrand Italiens ist, Santa Maria di Leuca.

Es ist ja goldig, dass er mir immer wieder die Freude machen möchte, aber jetzt will ich gar nicht baden gehen! So beschließen wir weiter nach Otranto zu fahren, dort ein wenig alte Erinnerungen aufzufrischen, lecker zu Abend zu essen und hoffentlich ein Plätzchen auf einem Campingplatz zu finden.

Otranto war vor einigen Jahren für vier Wochen Ausgangspunkt der Dreharbeiten für einen Fernsehfilm. Das Team und die Schauspieler belagerten komplett ein Hotel, was zu dieser späten Jahreszeit längst im Winterschlaf liegen sollte. Ab Mitte Oktober schließen die Hotels und Restaurants, und die Ferienhäuser werden winterdicht gemacht. Die Motorboote sind geschrubbt und werden aus dem Wasser gezogen und irgendwo, geschützt vor Sturmfluten und Hochwasser, im hintersten Eck eines Gartens aufgebockt und mit dicken Planen verschnürt. Damals wurde ich mit warmem Novemberwetter beschenkt, und ich erinnere mich, dass ich am 9. November schwimmend vom Meer Abschied genommen habe. Es ist zwar jetzt erst Anfang Oktober, aber dafür wesentlich kühler als damals.

Auch Otranto gehört zu den Städten, die sich vor räuberischen Seefahrern schützen mussten, da es einladend auf einer kleinen Landzunge zum offenen Meer hin gebaut wurde. Einerseits günstig gelegen für Handelsbeziehungen, da selbst vor Hunderten von Jahren Griechenland quasi vor der Haustüre lag. Einmal kurz rübergespuckt, und der Grieche konnte dem Italiener zeigen, wer hier kulturell das Sagen hatte. Andererseits, und das war nicht ungefährlich, konnte man das Land überfallen und plündern. Somit wurde auch in Otranto eine fette Trutzburg mit dicken Stadtmauern gebaut. Aus den vielen Schießscharten donnerten Kanonenkugeln, und auf Tafeln kann man noch heute nachvollziehen, wer wann wem den Hosenboden heißgeschossen hat.

»Hast du eigentlich einen bestimmten Campingplatz im Sinn?«, frage ich angesichts des nahenden Abends, denn die Frage ist, ob wir vorher in Otranto zu Abend essen oder später hierher zurückkommen.

Etwas verlegen antwortet Bruno, dass er sich darum gar nicht gekümmert hat, weil er nicht sicher war, ob wir nicht bereits heute weiter Richtung Rom fahren würden. In Anbetracht meines Hungergefühls schlage ich vor, jetzt ein nettes Restaurant aufzusuchen und uns später um ein Nachtlager zu kümmern. Noch sind das Licht und die Atmosphäre hier im Hafen so schön, dass es ein Jammer wäre, schon loszufahren.

Als wir Stunden später mit vollen Bäuchen in der

Dunkelheit den Weg zu einem am Strand gelegenen Campingplatz suchen, verfransen wir uns, wie kann es anders sein, restlos. Gab es an der Hauptstraße noch ein großes Plakat mit dem Hinweis 3,5 km und einem steil nach rechts zeigenden Pfeil, der in einen Feldweg führt, ist nach dieser Kilometerangabe weder ein Campingplatz, geschweige denn ein weiteres Hinweisschild zu sehen. Umdrehen und zurückfahren ist bei der Dunkelheit ziemlich riskant, da wir Gefahr laufen, mit den Rädern in den Wassergräben, die rechts und links des Feldweges verlaufen, hängen zu bleiben. Wir müssen in jedem Fall weiterfahren, bis wir eine Wendemöglichkeit finden.

Jedoch endet dieser Weg nach weiteren zwei Kilometern an einem Sandstrand.

Stockfinster ist es, weit und breit keine Menschenseele, geschweige denn ein Haus oder eine Fischerhütte. Lediglich ein paar Holzruderboote liegen mit dem Rumpf nach oben im Sand. Leise und sanft plätschern die Wellen an Land. Über unseren Köpfen funkeln Millionen Sterne. Es scheint ein Wink des Schicksals zu sein, dass wir am letzten Abend unserer Reise hier gelandet sind. Hier will ich bleiben, Sterne gucken und träumen, noch ein Glas Rotwein trinken, um irgendwann in unser rollendes Häuschen zu gehen und wohlig einzuschlafen. Keine Polizei, kein Strandhüter stört uns Wildcamper, lauer Wind und leises Wasserrauschen versüßen uns die Nacht.

7. TAG

Der Tag danach!
Abenteuer und Romantik!
Bruno

Ganz egal, ob die Welt untergeht oder nicht, Punkt sechs Uhr morgens werde ich hier immer wach. Nicht etwa, weil ich eine innere Uhr habe, vielmehr liegt es an der Morgensonne, die mich pünktlich aus Morpheus' Armen reißt, weil sie durch das Bullauge in der Decke scheint. Um Jutta nicht zu stören, mache ich dann normalerweise einen Spaziergang oder ich laufe in Pantoffeln den kleinen Gang hier drinnen hin und her und wälze schwere Gedanken. Heute Morgen werde ich aber nichts von beidem tun. Zum Glück geht es mir besser. Doch ich habe einen so schlimmen Muskelkater in den Beinen, dass ich es kaum bis ins Bad schaffe. Schon während der Nacht haben sie gezwickt. Ich kann sie weder beugen noch strecken. Vor allem meine Waden tun höllisch weh. Ich bewege mich ganz langsam und hoffe darauf, dass der Schmerz schnell vergeht. Vor lauter Vorsicht übersehe ich das kleine Tischchen, stoße es um und löse damit einen Dominoeffekt aus. Auf der kurvenreichen Fahrt sind alle Sachen verrutscht und poltern nun übereinander.

Jutta ist aufgewacht. Na ja, ich habe ja auch wirklich genug Krach gemacht. Sie sitzt stocksteif im Bett, ihr scheint es heute auch nicht so gut zu gehen. Sie hat mich nicht bemerkt. Jetzt setzt sie sich in Bewegung, ganz langsam wie eine Schafwandlerin. Dann wankt sie an mir vorbei Richtung Bad.

»Uuaahhhh!«

»Schatz, wie geht es dir?«

Sie dreht sich abrupt zu mir um, murmelt mit halbgeschlossenen Augen etwas vor sich hin. Irgendwas über ihre Waden.

Ich hieve mich hoch, indem ich mich mit den Händen auf dem Beistelltischchen abstütze, und langsam, einen Fuß vor den anderen setzend, komme ich ihr schwankend entgegen.

»... wir haben zu viel getreten«, beendet sie schnaufend ihren Satz.

Wir können uns kaum auf den Beinen halten und wirken bestimmt wie zwei Betrunkene. Ich versuche, Jutta vor dem Hinfallen zu bewahren, sie scheint jeden Moment in sich zusammenzusacken, aber mehr vor Müdigkeit als vor Muskelkater. Für einen Außenstehenden sehen wir sicher aus wie ein schreckliches Monster mit zwei Köpfen und vier Armen.

Jutta murmelt weiter unverständlich vor sich hin, aber das ist ganz typisch für sie, wenn sie noch im Halbschlaf ist. Die Sonne ist schon vor einiger Zeit aufgegangen, die Hähne vom Hof haben ihren Weckruf eingestellt. Die Katzen, die von dem Kikeriki geweckt wurden, miauen, jede muss natürlich die andere begrüßen. Einige lecken die Teller mit den Überresten vom Erntefest ab, andere haben sich neben das Fass ins Gras gelegt, das immer noch am Baum lehnt, ein Katzenjunges kratzt hartnäckig an unserer Tür.

»WER IST DA?!?!«

Jetzt ist Jutta wirklich wach. Das Echo ihres wütenden Aufschrei hallt noch einige Sekunden nach. In denen das arme kleine Kätzchen sich vorsichtshalber lieber ganz schnell aus dem Staub macht.

Obwohl wir zunächst nicht so genau wussten, was passiert war – wir fühlen uns immer noch so, als hätten wir einen New-York-Marathon hinter uns gebracht – und obwohl es erst halb sieben ist und das Thermometer knapp fünf Grad anzeigt, können wir das Meer riechen und es deshalb kaum abwarten, wieder loszufahren. Heute wollen wir Gallipoli, Santa Maria di Leuca und Otranto besuchen, das heißt, wir fahren das südlichste Küstenstück des Stiefelabsatzes entlang. Aber alles der Reihe nach. Erst einmal gehen wir noch frühstücken! Es gibt ein großes Hallo, und wir stellen fest, nicht die Einzigen zu sein, denen der gestrige Tag noch in den Knochen sitzt.

Gallipoli ist eine der schönsten Städte des Salento. Charakteristisch für seinen Strand am Ionischen Meer sind die Dünen aus weißem Sand, die ab und zu von niedrigen Felsen durchbrochen werden, kühle Pinienhaine schließen sich daran an, und es duftet nach mediterraner Macchia. Dieser Teil der salentinischen Küste ist ideal für Sonnenanbeter, die immer wieder Erfrischung im kühlen Meer suchen. Carlo hat uns einen Abschnitt empfohlen, der wirklich ein Stück vom Paradies ist: Punta della Suina. Eine traumhafte Sandbucht, so schön, dass man sich an einem Strand in der Südsee wähnt und nicht an der äußersten Spitze des italienischen Stiefelabsatzes. Mittlerweile lässt der Schmerz in unseren Waden nach, und ich habe eine alte CD von Mina eingelegt, die Jutta so gefällt.

Zur Musik eines alten Liebeslieds ins Schwelgen zu geraten und sich an die gefühlvollsten Momente zu erinnern, die man gemeinsam erlebt hat, mag etwas für unverbesserliche Romantiker sein, aber manchmal beruhigt es auch. Denn die ganze Zeit ist Jutta unruhig auf ihrem Sitz hin- und hergerutscht, um die bequemste Position zu finden. Endlich scheint sie sie gefunden zu haben. Dank Mina! Apropos: Wie sitzt eigentlich eure Begleiterin auf dem Beifahrersitz? Zieht sie sich auch die Schuhe aus und schlägt die Beine unter? Lümmelt sie sich seitlich über die Rückenlehne, um sich besser unterhalten zu können? Öffnet sie ihre Handtasche und verteilt ihre Siebensachen überall im Auto?

Jutta wird schon nach zehn Sekunden nervös, sie lehnt sich mit dem Rücken gegen die Tür und legt ihre Beine auf meine Oberschenkel, damit ich sie massiere. Nach drei Sekunden überlegt sie es sich anders, angeblich würde sie das kitzeln, und legt die Füße lieber aufs Armaturenbrett. Und wenn sie meint, sich alles erlauben zu können, streckt sie die Füße zum Fenster raus. Aber wie gesagt, darüber sollte man sich gar nicht aufregen. Wie sehr mich Minas Musik doch entspannt!

E se domani
io non potessi
rivedere te

»E se domani« ist ein Klassiker des italienischen Schlagers, und Mina zählt zu den bekanntesten Sängerinnen aller Zeiten. Jutta möchte, dass ich ihr alle Strophen übersetze.

E se domani
io non potessi
rivedere te
Mettiamo il caso
che ti sentissi stanco di me
Quello che basta
all'altra gente
non mi darà
nemmeno l'ombra della perduta
felicità

(Und wenn ich dich morgen nicht wiedersehen könnte, vielleicht, weil du meiner überdrüssig geworden bist, ist das, was anderen Leuten genügt, für mich nicht einmal der Schatten des verlorenen Glücks ...)

Fast breitet sich ein wenig Melancholie aus! Ob das am Schmerzmittel liegt, das wir genommen haben? Hat es vielleicht unseren Serotoninspiegel erhöht? Oder ist heute einfach der richtige Tag für solche Stimmung?

Nachdem wir an dem schönen Strand waren, unternehmen wir einen kurzen Spaziergang durch den Fischerhafen von Gallipoli, dann suche ich mir ein hübsches Plätzchen zum Zeitunglesen, und Jutta will allein durch den Ort bummeln. Nach einer Weile holt sie mich ab, natürlich hat sie sich unterwegs wieder einmal verlaufen, weil sie sich einfach hat treiben lassen, und wir fahren weiter gen Süden nach Santa Maria di Leuca, der südlichste Zipfel des italienischen Stiefels. Der Legende nach ist hier Äneas an Land gegangen. Später soll dann hier noch der Apostel Petrus gelandet sein, der aus

Palästina kommend hier sein Werk der Christianisierung begann, ehe er nach Rom ging.

Die Fahrt auf der Küstenstraße von Santa Maria di Leuca nach Otranto ist ein einzigartiges Erlebnis. Siebzig bis achtzig Meter hohe Klippen, kleine und große Buchten, wenige, dafür wunderschöne Ortschaften wie Santa Cesarea Terme, Castro und Tricase. Hier in der Gegend wollen wir heute Abend ein Restaurant finden und überlegen, wo wir die Nacht verbringen, bevor wir morgen die Heimreise antreten.

Tipp: Kommen Sie am besten bei Sonnenuntergang an. Sie werden es nicht bereuen! Doch vorher besuchen wir die Festung, das berühmte Schloss von Otranto.

Das Schloss von Otranto war Namensgeber für den ersten Schauerroman aller Zeiten und ist ein Muss für alle Besucher. Unser dortiger Cicerone, besser gesagt die Cicerona, erzählt uns von dem berühmten Buch von Horace Walpole, das weder Jutta noch ich vorher kannten. Die längst vergangene Epoche, in der der Roman spielt, ist durchtränkt von Geheimnissen und Aberglauben. Die Faszination für das Mittelalter, die düsteren Schauplätze des Schlosses, die Falltüren, die Wälder, die unterirdischen Geheimgänge, die verfallenen Türme haben zu vielen Gruselfilmen inspiriert, und hier wurde auch ein Dokumentarfilm gedreht, »The Castle of Otranto«, der heute im Rahmen einer Horror-Gothic-Retrospektive gezeigt wird.

Der teilanimierte Kurzfilm handelt von dem gleichnamigen Roman aus dem Jahr 1764, in dem ein neugieriger Archäologe den wahren Ursprung des Schlosses zu beweisen versucht, das absolut nichts mit der heute noch zu besichtigenden Festung zu tun hat (die wurde erst später von den Aragoniern neu aufgebaut). Kurz muss ich wieder an den Requisiteur von Gaeta mit den Köpfen denken und stelle mir einmal mehr die Frage, die mir schon damals durch den Kopf gegangen ist: »Was für Leute mögen das wohl sein, denen ein solcher Film gefällt?« Angesichts der langen Schlange von Jugendlichen habe ich endlich die Antwort darauf: Menschen, die Lust an der Angst haben. Während ich noch darüber sinniere, summt Jutta wieder leise vor sich hin:

E se domani
e sottolineo »se«
all'improvviso
perdessi te

(Und falls ich dich morgen, und ich betone »falls«, falls ich dich morgen plötzlich verlieren würde ...)

Wir sitzen wieder im Camper und fahren in Richtung Altstadt. Unseren Beinen geht es schon entschieden besser. Der Spaziergang durch das Schloss hat uns gutgetan. Außerdem scheint die Sonne.

»Bruno, was ist das? Hörst du auch dieses merkwürdige Geräusch?«

»Das muss die Pumpe sein.«

»Was soll das heißen? Haben wir schon wieder kein Wasser mehr?«

Ich fasse es nicht. So viel Wasser kann selbst Jutta nicht so schnell verbrauchen.

»Nein, das kann nicht sein! Der Tank war voll, Jutta.

Ich habe ihn doch gestern aufgefüllt. Und die Pumpe schalte ich nachts immer aus. Ich verstehe das absolut nicht.«

»Soll ich mal die Hähne öffnen?«

»Ja, aber warte, ich fahr mal kurz rechts ran. Wann hast du das Wasser zuletzt aufgedreht?«

»Heute Morgen, warum?«

»Und hast du gehört, wie sich die Pumpe angeschaltet hat?«

»Ja. Aber wirklich, Bruno, was kann das dann jetzt sein?«

»Jetzt fängst du wieder mit deinen Fragespielchen an. Woher soll ich das wissen?! Hoffen wir mal, dass sie nicht kaputtgegangen ist, was soll ich dir sonst sagen? Es hat sich sicher keine Luftblase gebildet. Der Tank ist voll.«

»Dann ruf doch den Vertragshändler an.«

»Ja, das mach ich. Er hatte mir noch etwas gesagt, an das ich mich jetzt nicht erinnere. Er hat mich so vollgelabert, dass kaum etwas hängengeblieben ist. Versuch mal, das Wasser aufzudrehen.«

»Da kommt nichts, mein Lieber. Nicht mal ein paar Tropfen.«

Natürlich hat der Typ am anderen Ende der Leitung keine Ahnung mehr, was für einen Camper ich habe, und muss erst die Übergabequittung lesen.

»Da haben wir es ja! Wenn es so eine Störung gibt, dann ist das fast immer ein Problem mit Luft. Wahrscheinlich ist irgendwo ein Leck, der Wasserkreislauf kann keinen Druck aufbauen, und der Druckwächter der Pumpe schaltet sich nicht ab. Alles klar?«

»Nein, bitte das nicht! Bitte fangen Sie nicht wieder

mit Ihrem ›Alles klar?‹ an, denn heute habe ich keinen Nerv dafür. Entschuldigung, ich wollte nicht unhöflich sein.«

»Kein Problem. Man merkt, dass Sie zum ersten Mal im Camper unterwegs sind. Also, als Erstes überprüfen Sie die Schlauchklemmen, mit denen die Rohre an der Pumpe befestigt sind. Sie sind aus Plastik, mit der Zeit können sie sich verformen, und dann entweicht Luft.«

»Warten Sie, ich weiß nicht einmal, wo die Pumpe ist!«

»In der Staubox.«

»Staubox? Und was soll das sein?«

»Das ist der Gepäckraum. Aber Sie müssen jetzt nicht aussteigen, es gibt eine Verbindung mit dem großen Kasten unter dem Bett.«

»Okay.«

»Gut. Nehmen Sie sich eine Taschenlampe, sonst sehen Sie nichts.«

»Ach, die mir auf den Kopf gefallen ist!«

»Wie bitte?«

»Ach nichts, ich habe mit mir selbst gesprochen. Warten Sie kurz, bleiben Sie dran.«

Endlich habe ich die Taschenlampe gefunden.

»Ich hab sie!«

»Gut. Jetzt räumen Sie den großen Kasten aus, im Boden ist eine kleine Klappe. Die öffnen Sie. Dort befindet sich ein etwa zwanzig Zentimeter großer Verschlussdeckel. Sehen Sie den?«

»Ja, da ist er!«

»Den schrauben Sie ab. Darunter ist noch einer aus Plastik.«

»Was ist das denn? Eine Matrioschka?«

»Das ist der Verschluss für den Wassertank. Richten Sie die Taschenlampe genau darauf. Können Sie die Rohre sehen?«

»Ja?«

»Und die Schlauchklemmen?«

»Alles in Ordnung.«

»Entschuldigung, aber sind Sie sicher, dass Sie alle Hähne fest geschlossen haben?«

»Ja.«

»Auch die am Waschbecken?«

»Ja.«

»Und der Tank?«

»Ich habe ihn gestern Morgen wieder aufgefüllt.«

»Haben Sie vielleicht gekocht oder zwischendrin den Schalter angelassen?«

»Auf gar keinen Fall.«

Ich liege da am Boden des Campers, den Kopf habe ich seitlich gegen den großen Kasten gequetscht, das Handy klemmt zwischen Ohr und Schulter, die Taschenlampe halte ich im Mund, und die Arme sind hinter den Rücken gestreckt, damit ich mich besser bewegen kann. Jutta, die die ganze Zeit hinter mir steht und mich beobachtet, wird unruhig.

»Lässt du mich kurz mit dem Herrn sprechen?«

»*Amore*, bitte, meinst du, dass das jetzt unbedingt sein muss?«

Sie beugt sich nach unten und zieht mir das Handy unterm Ohr weg.

»Hallo, Entschuldigung, mein Campingfreund hier ist ziemlich aufgeregt, und ehe er auch heute wieder mit mir schimpft ... Ich habe nur eine ganz einfache Frage: Wenn jemand etwa zwanzig Mal hintereinander aufs Klo gegangen ist und wahrscheinlich zwanzig Mal gespült hat, kann man dann annehmen, dass der Tank noch voll ist oder eher ganz leer?«

Am liebsten würde ich jetzt den Kopf gegen die Rohre rammen. Und ich täte gut daran. Doch stattdessen rufe ich nur laut:

»Ach, wie dumm von mir! Wie dumm von mir?!«

Jutta ist in die Altstadt gegangen, um sich ein paar Souvenirs zu kaufen. Ich habe nach dem ersten Brunnen am Wegesrand gesucht, um den Wassertank wieder aufzufüllen. Vielleicht hätte ich besser Mineralwasser gekauft! Zumindest hat man mir versichert, dass es Trinkwasser ist, und daher habe ich auch den Ersatztank aufgefüllt.

Ach wie schön, was für eine Freude! Die Wasserpumpe funktioniert wieder ganz normal. Erleichtert setze ich mich ans Steuer. In der Ferne leuchtet das Meer! Plötzlich legt sich von hinten eine Hand über meinen Mund. Durch den Rückspiegel sehe ich meinem Angreifer ins Gesicht: ein dunkelhaariger Kerl mit braunen Augen. Doch dann reagiere ich, ich beiße ihn in die Hand, ziehe ihn nach vorne, öffne die Beifahrertür und befördere ihn nach draußen. Dann ziehe ich die Tür wieder zu und fahre los. Der Typ landet in den Büschen, die im Vergleich zu ihm riesig wirken. Das ist ja noch ein Junge, kaum älter als vierzehn. Der setzt sich auf sein Mofa und braust davon. Himmel, was für ein Schreck! Etwas verspätet versuche ich, um Hilfe zu schreien, aber ich bekomme keinen Ton heraus, nur ein unterdrücktes Schnauben wie von einer wütenden Gans. Ich weiß nicht einmal, ob ich das Jutta erzählen soll. Besser nicht, sonst bekommt sie schon beim Zuhören eine Heidenangst. Ich zittere am ganzen Leib, daher halte ich an. Um meiner Angst Herr zu werden, schalte ich das Radio ein. Was wollte dieser Rotzlümmel, etwa mich ausrauben? Sich den Camper schnappen und mich auf die Straße werfen? Als Krönung des Ganzen kommt jetzt noch ein streunender Hund zum Camper. Erst schnuppert er daran, dann hebt er das Beinchen und pinkelt ans Blech. Ich lasse ihn sein Geschäft in aller Ruhe verrichten. Er schaut mich etwas verschlagen an, als wollte er sagen: »Und, was dagegen?« Dann überlegt er es sich anders und wechselt den Gesichtsausdruck: »Nein, sag es ihr nicht.« Er dreht sich um, wedelt mit dem Schwanz und verschwindet.

8. TAG

Arrivederci – schön war's!
Jutta

Weitere sechshundert Kilometer und mehr stehen uns am heutigen letzten Tag ins Wohnmobil.

Unglaublich, was wir in den wenigen Tagen alles gesehen haben! Wir sind durch Latium gefahren, über Neapel an die Amalfiküste, Kampanien, Kalabrien, Basilikata, Apulien, nun werden wir noch die Abruzzen mit ihrem hohen und großartigen Bergmassiv, dem Gran Sasso, bezwingen, und dann geht's von dort aus wieder heim nach Rom.

Für die meisten Menschen wäre das ein mindestens 3-wöchiger Urlaub, wir jedoch haben die Strecke in acht Tagen bewältigt. Vieles habe ich zum ersten Mal gesehen und wäre gerne länger geblieben, manches kannte ich schon und habe Erinnerungen aufgefrischt. Es gibt immer Orte, die man in so schöner Erinnerung hat, dass man fürchtet, sie verändert anzutreffen. Da möchte ich dann lieber nicht mehr hin, weil es meine Träume zerstört und Geschichten verändert.

Ich habe keine Lust mehr auf Zipfelmützenhäuschen, und wir können Apulien getrost hinter uns lassen. Die großen Städte wie Brindisi und Bari kenne ich, somit fahren wir über die Autobahn in die Abruzzen.

Bruno ist in Avezzano geboren und in die Schule gegangen. Erst als er auf die Schauspielschule ging, zog er nach Rom in eine kleine Studentenbude.

Seitdem lebt er in der Ewigen Stadt. Einerseits ist er sehr stolz, ein Römer zu sein, denn wer außerhalb Italiens kennt schon Avezzano, andererseits betont er in Rom immer, dass er ursprünglich aus den Abruzzen kommt. Dann ertönt ein anerkennendes Schnaufen, und sofort findet sich einer, der angeblich auch daher stammt, und bei beiden schwillt der Kamm. Ich könnte mich über so viel Gegockel kringelig lachen. Scheinbar gilt der Mann aus den Abruzzen als besonders potent oder kernig. Fast so wie ein Bayer. Der würde auch immer sagen, er sei zwar ein Deutscher, aber vor allem Bayer.

Bruno passt so gar nicht in die raue Bergwelt des Gran Sasso. Einmal sind wir mit einem Cousin und seinem besten Schulfreund in die Berge gegangen. Wochenlang vorher schon hat mich Bruno auf eine große Bergtour vorbereitet. Ich stand diesem Ausflug eher relaxt gegenüber, da ich schon auf so vielen Bergen war, dass ich mich einfach nur darauf gefreut habe, in der Natur zu sein. Als wir dann endlich dort waren, mussten wir fast eine Stunde auf seinen Cousin warten, weil der sich noch Wanderschuhe kaufen musste. Massimo, Brunos Schulfreund, ein echter Bergfex, und ich gingen flotten Schrittes voran und mussten ständig auf die beiden Trödler warten. Im Schneckentempo kamen sie hinter uns her, quatschten ununterbrochen, dann klingelte wieder ein *telefonino*, und sie blieben stehen. Inzwischen standen Massimo und ich uns die Beine in den Bauch. Irgendwann riss mir der Geduldsfaden, und ich bat Massimo, den beiden den Weg zur Berghütte zu erklären, denn ich würde jetzt weiterlaufen. Eine Stunde nach uns tauchten sie oben auf und waren völlig fertig. Der Rückweg lief auch nicht besser, denn das Abwärtsgehen schlug ihnen auf die Knie, und die taten dann weh, und deshalb mussten sie häufiger eine Pause einlegen. Mit Bruno und seinem Cousin war ich zweimal im Nationalpark Gran Sasso, das erste und das letzte Mal.

Als wir in die Abruzzen kommen, fragt mich Bruno, ob ich was dagegen habe, wenn wir uns mit Massimo auf einen Kaffee treffen würden. »Ganz im Gegenteil«, antworte ich, »sehr gerne würde ich deinen reizenden Freund wiedersehen, zumal uns beiden eine Pause guttun würde, nach der stundenlangen Autofahrt.«

Und Bruno biegt bei der Abfahrt nach Avezzano ab und ruft seinen Schulfreund an.

Massimo ist zu Hause und freut sich sehr, uns wiederzusehen. Als wir dann vor seiner Haustüre mit dem Camper parken und bei ihm klingeln, ist sein Erstaunen groß. Er fasst es nicht, dass Bruno mit so einem Monstrum durch halb Italien kutschiert ist, ganz offensichtlich ohne größere Schäden, denn, so erklärt er mir hinter vorgehaltener Hand, Bruno sei immer schon ein miserabler Autofahrer gewesen, er hätte ja auch gar kein Auto. »Na ja, so stimmt das ja nun auch nicht«, meine ich, denn er würde schon auch in Rom fahren, und das Mobilfahren hat er relativ gut gemeistert.

Massimo ist schwer beeindruckt.

»Habt ihr Lust auf ein Bier?«, fragt er uns. »Welche Frage!«, antwortet die Münchnerin in mir, und dann erzählt er, was er mit uns vorhat.

In Avezzano wird mitten in der Stadt in einem Gasthaus das Oktoberfest gefeiert. Es findet eine Woche nach dem Münchner Oktoberfest statt, und es gibt echtes bayrisches Bier. Dazu bayrische Schmankerl, die abenteuerlich übersetzt sind, die Kellner tragen Lederhosen und die Damen Dirndl. Dazu dudeln Gstanzl und Königsjodler aus der Jukebox. Ich fasse es nicht! Halleluja, wo bin ich nur hingeraten! Massimo ist voller Stolz, mir das zu zeigen, und natürlich tue ich ihm den Gefallen und bestelle ein Salvatorbirra und eine Sweineakse mit Knedeli und Krauti. Der Besitzer der Kneipe fällt dann fast vor mir auf die Knie, als er erfährt, dass ich aus Monaco di Baviera komme. Sofort erzählt er uns in Gastarbeiterdeutsch, dasse er in Minga quasi geläbt hate, ganze in der Nähe von Stuttgarte bei Mercedes und er immer gewesen iste auf die Oktoberfeste. Es folgt eine nicht enden wollende Hymne auf Deutschland, seit über 10 Jahren würde er im Oktober dieses Fest veranstalten, mit großem Erfolg, die Einheimischen wären geradezu verrückt danach. Viele hier könnten sich niemals eine Reise nach München leisten, er zeigt Filme über das Oktoberfest und München mit seinen Traditionen, und somit hätten seine Gäste das Gefühl, das echte Münchner Oktoberfest mitzuerleben. An den Wochenenden amüsiert man sich beim Volkstanz, und eine Tanzlehrerin veranstaltet sogar Schuhplattlerkurse. Das stimmt! Ich habe es wirklich nicht erfunden! Ob ich nun empfehlen würde, hier mal abzusteigen? Das behalte ich für mich. Nur so viel: Ich abe selten so eine Sweineakse gegessen.

Von Avezzano bis Rom ist es nur noch ein Katzensprung. So man nicht in die abendliche Rushhour hineinfährt, dauert es knapp eineinhalb Stunden. Heute Abend können wir unser Wohnmobil nicht mehr zurückgeben, zumal wir alles zusammenpacken und zurück in die Wohnung bringen müssen. Dann muss die Toilette geleert, ebenso der Wasserschlauch und das alte Brackwasser abgelassen werden. Dafür brauchen wir Zeit. Außerdem haben wir keine Ahnung, wo wir das in Rom erledigen können. Die Straße, in der Bruno wohnt, ist zu schmal, außerdem parken überall Autos und Motorroller, das können wir vergessen. Bruno schlägt vor, nach Hause zu fahren, dort alles schnell auszuräumen, und er parkt dann das Wohnmobil in irgendeiner Nebenstraße. Als wir in unsere Straße einbiegen und vorsichtig an den abgestellten Autos vorbeifahren, um ja nicht in letzter Minute noch einen Kratzer zu verursachen, hat sich Brunos Idee von selbst erledigt. Hier hätte selbst eine Vespa keine Chance mehr. So rollen wir wieder auf der anderen Seite hinaus und verbringen die nächsten zehn Minuten damit, irgendwo in der Nähe einen Abstellplatz zu finden. Nichts! Resigniert bleiben wir am Straßenrand stehen und überlegen, was wir nun mit diesem Monstrum anstellen. Wenigstens um das Abendessen müssen wir uns keine Gedanken machen, da uns die bayrisch-italienische Haxe schwer im Bauch liegt. Ein Spaziergang tät gut!

Die Luft ist herbstlich mild und klar, und heute Abend hat man einen wunderbaren Blick über die Stadt. Besonders wenn man von Trastevere aus hinauf zum Gianicolo fährt. Dort, gegenüber der schwedischen Botschaft, die den absoluten Hammerausblick hat, treffen sich abends die Liebespärchen, setzen sich an den Brunnen mit seinen wuchtigen Wasserspeiern oder auf die Balustrade, die den Platz begrenzt. Von hier aus kann man bis in die Berge sehen, wo der Sommersitz des Papstes liegt, Castel Gandolfo. Die Stadt unter uns breitet sich von dem in der Ferne sichtbaren Olympiastadion über den Vatikan, die Altstadt mit ihren vielen Kirchen, die Piazza Venezia bis zu den Gasometern aus, an denen träge und schmutzig der Tiber die Stadt verlässt, um dann mit seinem Unrat ins Meer einzutauchen. Einer unserer ersten Ausflüge auf der Vespa führte uns hier hinauf, und in mir breitete sich damals ein großes Glücksgefühl aus, durch diese Stadt nicht länger nur als Touristin zu stolpern, sondern als Bewohnerin, sozusagen als Teilzeitrömerin. Beglückt zählte ich alle Türmchen, bewunderte die vielen Dachterrassen auf den Häusern und träumte von einer Wohnung mit Terrasse, auf der ich endlich Zitronen, Orangen und Oliven anbauen könnte. Schon damals war mir klar, dass ein Mensch, der hier seine Wurzeln hat, sich nicht verpflanzen lässt. Bruno würde immer das Heimweh packen, so sehr er sich auch Mühe geben mag. Ich hänge zwar an meinem München, könnte mir aber durchaus vorstellen, so mich nicht andere Verpflichtungen binden würden, hier in Rom meinen Lebensmittelpunkt zu finden. Im Alltag jedoch wäre der Preis hoch. Schnell wäre Gespartes aufgebraucht, die Mieten sind horrend. Meinen Beruf als Schauspielerin könnte ich maximal als *bella bionda tedesca* ausüben, also als blonde Deutsche, für die es im italienischen Film so gut wie keine Verwendung gibt. Theaterspielen ist eine Illusion. Ich würde in jedem Fall eine Pendlerin bleiben. So sind wir beide Pendler geworden und empfinden es als Privileg, in zwei so schönen Städten leben zu dürfen.

Vom Gianicolo aus geht es in einen langgestreckten

Park, durch den eine Straße verläuft, auf der man abends ohne Probleme sein Auto abstellen kann. Und so machen wir es. Sperren gut ab, um Dieben keine Chance zu geben, und schlendern in den Park. Hier gibt es immer viel zu sehen. Nachmittags wird alle zwei Stunden ein Kasperletheater gespielt. Ein kleines, hübsch bemaltes Theater, das viele Jahrzehnte auf dem Buckel hat. Davor stehen, wie ich es aus meiner Kindheit kenne, Kinderstühlchen in Reih und Glied, auf denen die jungen Besucher das Spektakel verfolgen können. Daneben dreht ein Kinderkarussell mit Pferdchen und Kutschen seine Runden. Unweit davon entfernt zieht ein Eiswagen mit gestreiftem Vordach und Zuckerperlenketten in bunten Farben große und kleine Besucher an. Hier gibt es Waffeln, die so groß sind, dass ein Berg Eis darin versinkt. Wahrscheinlich die Familienwaffel, denn kein normaler Mensch kann so eine Portion verdrücken! Natürlich fehlen auch die unvermeidlichen Hotdog- und Crêpesstände nicht. Ab Herbst steht der Maronimann mit seinem Ofen da, und im Sommer sausen die Rollerblader durch die Straße, Jogger trainieren ihren Körper, Clowns probieren ihre Tricks, zwischen Bäumen sind Slacklines gespannt, und Jongleure üben mit ihren Keulen und Bällen. Ein herrlich buntes Treiben!

Wir haben in den ersten fünf Jahren unseres gemeinsamen Lebens in einer kleinen, aber feinen Wohnung direkt unterhalb des Gianicolo gewohnt. Direkt neben dem größten Stadtgefängnis. Von unserem Schlafzimmer aus konnte ich in die Amtsstuben der Gefängniswärter sehen und von der Terrasse direkt in den Gefängnishof und zu den Zellenfenstern, die jedoch vergittert und mit schrägen Jalousien abgedichtet waren. Nachts weckten uns oft laute Rufe, und wir fragten uns immer, wo die herkommen. Bis wir eines Abends einmal hier oben auf dem Gianicolo eine Gruppe Frauen beobachteten, die oberhalb des Gefängnisses standen, ihre Hände trichterförmig an den Mund hielten und laut ins Tal riefen. »*Giuseppe, Giuseppe dov'è sei? Dov'è sei?*« Dann folgte eine Pause, und es ging von vorne los. Irgendwann kam aus den Gefängnismauern eine Antwort. Sie war schwer zu verstehen, aber bedeutete immerhin ein Lebenszeichen des Gesuchten. Man fragte »*Come stai?*«, wie geht es dir?, oder erzählte mit wenigen Worten, wie traurig man sei. »*Sono triste.*« Mütter, Ehefrauen, Geliebte, Kinder standen hier und versuchten Kontakt zum Gefangenen aufzubauen. Aber es gab auch eine Geheimsprache. Wahrscheinlich sprach man so über Details, die den bevorstehenden Prozess beeinflussen könnten, oder auch Geschäftliches, das dringend besprochen werden musste. Neugierig wie ich nun mal bin, wollte ich unbedingt mehr erfahren und versuchte Bruno zu bewegen, einen Dokumentarfilm über die Frauen vom Gianicolo zu drehen. Aber mein Faulpelz hat es leider nie gemacht. Schade.

Eine kleine Sensation hier oben hat mich, als ich sie zum ersten Mal gehört habe, zu Tode erschreckt. Genau oberhalb unserer ehemaligen Wohnung steht neben einem Denkmal eine große schwarz lackierte Kanone, aus der pünktlich jeden Tag um 12 Uhr geschossen wird. Dann wackeln die Tassen im Schrank!

Hier setzen wir uns auf die Parkbank und blicken hinunter in der Hoffnung auf spannende Momente. Die Vorstellung, unmittelbar dabei zu sein, wenn ein

Gefangener ausbricht, beflügelt meine Sensationslüsternheit. Wenn ein Helikopter auf dem Dach landete, spekulierten wir, wer das wohl sein könnte. Und wenn wir am nächsten Tag in den Nachrichten von irgendeiner spektakulären Gefangennahme eines Mafiabosses oder Drahtziehers gehört haben, der unter größten Vorsichtsmaßnahmen ins Gefängnis gebracht wurde, habe ich gejubelt, weil ich sozusagen fast dabei war. Nie wähnte ich uns in Gefahr, wohnte doch während der Woche der Polizeipräsident in der Wohnung nebenan. Wir waren somit bestens beschützt. Ich habe die Jahre in dieser Wohnung geliebt, und zu gerne hätten wir sie gekauft. Als wir den Besitzer einmal darauf ansprachen, ließ mich der Kaufpreis in schallendes Gelächter ausbrechen. Für diese gerade mal 60 qm große Wohnung würde ich in München ein Haus mit Garten in bester Lage bekommen.

Als die berühmte Feuchtigkeit, die nachts vom Tiber aufsteigt, uns frösteln lässt, beschließen wir, allmählich zu unserem Wohnmobil zurückzugehen. Sollen wir es wagen, einfach dort stehen zu bleiben, bis uns eventuell die Parkwächter vertreiben, oder suchen wir außerhalb der Stadt einen Platz zum Übernachten? Diese Möglichkeit erscheint mir gefährlich, da man immer wieder davon hört, dass Betäubungsgas durch Dachluken ins Innere der Wohnmobile gesprüht wird, und wenn die Bewohner schlafen, wird ihnen unter dem Hintern alles weggeklaut. Nein, hier sind wir sicherer, und es ist ja auch ein kleines Abenteuer.

Wir öffnen eine Flasche Wein, setzen uns in unseren Klamotten auf das Bett und lassen unsere Reise Revue passieren. Irgendwann löschen wir das Licht, lauschen in die Nacht, entfernt hören wir Stimmen, hin und wieder fährt ein Auto vorbei, aber keiner klopft an unsere Türe, um uns zu vertreiben. Vielleicht sind wir das erste Wohnmobil, das hier nachts steht, und niemand vermutet, dass jemand so dreist ist, hier zu übernachten, und lässt uns gerade deshalb in Frieden. Egal, wir bleiben jetzt hier, und wenn wir wegfahren müssen, dann fahren wir eben. Völlig entspannt schlafen wir ein.

8. TAG

Warum passiert mir eigenlich
immer so etwas?
Bruno

»Hast du bemerkt, dass das Schloss der Tür nicht richtig schließt?«

»Was, das von der Eingangstür?«

»Ja, als ob jemand eingebrochen wäre.«

»Na ja, das kann schon mal passieren, wenn man ständig rein- und rausgeht.«

»Ist das alles, was dir dazu einfällt? Das sollten eigentlich geprüfte Sicherheitsschlösser sein, es wird doch keiner eingebrochen haben, als wir nicht da waren?«

»Wie kommst du denn da drauf? Vermisst du etwas?«

»Nein, aber schau mal, was ich heute Morgen gefunden habe, als ich sauber gemacht habe, diesen Kaugummi.«

»Wo hast du den denn gefunden?«

»Der klebte unter dem Teppichboden direkt hinter deinem Sitz. Seit wann kaust du denn Kaugummi und schmeißt ihn dann einfach auf den Boden?«

»Der ist nicht von mir. Vielleicht war er ja die ganze Zeit schon da, und wir haben ihn bloß nicht bemerkt.«

»Völlig ausgeschlossen. Der war noch weich!«

»Ach, dann wird er durch das offene Seitenfenster reingeflogen sein.«

»Eine dümmere Erklärung fällt dir wohl nicht ein?«

»Jutta, bitte. Jetzt lass uns nicht noch am letzten Tag paranoid werden. Wenn jemand eingebrochen wäre, dann hätte der ja wohl hinterher seine Spuren beseitigt.«

»Und da ist noch was: dieser Schuhabdruck an der Türverkleidung auf meiner Seite. Siehst du den?«

»Aber sicher.«

»Als ob jemand mit Gewalt dagegen getreten hätte. Wie merkwürdig!«

»Das wirst du gewesen sein, als du dich gestern an mich gelehnt hast.«

»Jetzt red doch keinen Schmarrn. Das ist kein Abdruck von meiner Sandale, das sieht mehr nach einem Turnschuh aus.«

»Natürlich! Jetzt erinnere ich mich. Als ich gestern in Otranto am Brunnen Wasser nachgefüllt habe, hat mich ein Junge angesprochen, ob ich ihn nicht ein Stück mitnehmen könnte. Das habe ich gern gemacht, sein Mofa hatte einen Platten, und er musste zu seinen Freunden, mit denen er sich zum Fußballspielen verabredet hatte und die schon auf ihn warteten ...«

»Und der hat so heftig gegen die Tür getreten, dass da jetzt ein Abdruck ist, und einen Kaugummi unter den Teppich hinter *deinen* Sitz geklebt?«

»Also an die Einzelheiten kann ich mich jetzt nicht mehr erinnern, aber wo ich so darüber nachdenke, ja, einen Kaugummi hatte er schon im Mund.«

»Das sollte ich jetzt besser nicht hinterfragen ... doch nach dem Fußabdruck zu schließen war es eher ein kleiner Fuß. Vielleicht der Fuß einer Frau?«

»Das würde ich dir doch sagen. Und was für einen Unterschied macht das schon? Nein, das war ein Junge.

Ein netter Kerl, dunkle Haare, braune Augen. Er kam mir ziemlich lebhaft vor.«

»Lebhaft?«

»Du weißt doch, wie Jungen in dem Alter sind. Allerdings haben wir nicht viel geredet.«

»Ich will dir ja glauben.«

»Du musst mir glauben, Schatz! Möchtest du noch einmal die Trulli angucken, oder hast du Lust, in dem Dorf vorbeizufahren, in dem ich geboren bin?«

Meine Rechnung geht auf: Jutta lässt sich ablenken, sagt, dass sie gern mein Dorf besucht, und wir können unsere Fahrt fortsetzen.

Am Ende dieser Reise ist mir noch einmal etwas Ungewöhnliches passiert. Ich trinke gerade einen Espresso und esse dazu eines dieser aufgebackenen Tiefkühl-Croissants, wunderbar duftend und schön butterig, in einer Autobahn-Raststätte zwischen Canosa und Benevento. Jutta kauft noch Proviant ein, immerhin sind es noch mindestens drei Stunden Fahrt bis Rom. Sie treibt sich irgendwo in diesen langen Gängen herum, wo sie sich mit Minz-Lakritzbonbons, Obst, Chupa Chups und Haribo Happy Cola eindeckt, sie weiß, dass ich ganz verrückt danach bin (diese kleinen halbgefüllten Colafläschchen, hmm, köstlich!). Nachdem ich ausgetrunken habe, schlendere ich auch ein wenig durch dieses Regallabyrinth. Es gibt sowieso keinen anderen Weg zum Ausgang, man muss an allem – aber wirklich allem –, was hier angeboten wird, vorbei. Die Gänge sind lang, aber nicht, weil so viel Zeug untergebracht ist, sondern damit die Leute hier genügend Zeit verbringen, um schließlich doch noch der Verlockung zu erliegen, etwas zu kaufen, nachdem sie schon ein paar Mal widerstanden haben.

Luftige Ciambelle, Cantuccini aus jeder Stadt Apuliens und der Toskana, verschiedene Kekse, von denen einer mehr Butter als der andere enthält, Myriaden von Amarettini, als wären die irgendwo vom Himmel gefallen, Chips in allen Geschmacksrichtungen, Grissini, Knoblauchbrot, das Fettflecke macht, die man nie mehr herausbekommt (in den Geschmacksrichtungen Rosmarin, Olivenöl extra vergine oder Tomate); Wein im Supersonderangebot, Nudeln, Würste, Pfirsiche in Sirup und verschiedene Antipasti liegen ausgebreitet in den Regalen. Auch Trikots von Inter Mailand und Juventus Turin (au ja, da kauf ich mir eins!) sind im Angebot oder riesengroße Stofftiere, Bücher, CDs, DVDs, Puppen, und natürlich Urlaubszubehör wie Beachballschläger, Sandspielzeug, Frisbees, Gläsersets und Limoncello ... Können die das wirklich alles verkaufen?

In der Schlange vor den Kassen steht ein Mann mit einer Packung Spielzeughandschellen (ich glaube, als kleiner Junge hatte ich auch so welche) und einer durchsichtigen Plastiktüte, in der so etwas wie ein Maiskolben steckt. Da bemerkt er, dass er etwas vergessen hat, und bittet mich höflich, ihm den Platz freizuhalten und kurz seine Sachen zu nehmen. Dann läuft er zurück zu den Regalen. Gleich darauf bin ich auch schon an der Reihe. Ich bezahle zunächst mein Juventus-Trikot, doch da entdecke ich den Mann draußen vor der Fensterscheibe (wie ist er nur so schnell nach draußen gekommen, ohne dass ich es gemerkt habe?). Er lächelt mir zu und bedeutet mir, ich möge doch schon mal für ihn bezahlen. Das mache ich, obwohl mir das etwas peinlich ist, denn einige Jugendliche hinter mir kichern schon und machen dumme Sprüche. Sie starren mich an, und ihre Kommentare werden noch bissiger, als mir die Tüte mit dem Maiskolben auf den Boden fällt. Langsam wird es mir peinlich.

»Gelb macht dich wohl scharf, was?«

Die wollen mich bloß aufziehen, doch ich komme mir wie ein schlimmer Sittenstrolch vor, als ob ich mich für dieses Kinderspielzeug schämen müsste. O nein! Manchmal bin ich wirklich schwer von Begriff! Das soll vorkommen. Das *ist* vorgekommen. Und außerdem, seit wann wird denn an der Autobahnraststätte so ein Zeug verkauft? Gibt es dafür nicht die Sexshops?

Doch der Typ, für den ich die Sachen bezahlt habe, erklärt mir, die Betreiber von Autobahnraststätten wären reichlich dumm, wenn sie so etwas nicht in ihr Sortiment nehmen würden. Es gibt genügend Kunden. Das Problem ist nur, dass Leute wie er – die nämlich hier in der Gegend wohnen – befürchten, erkannt zu werden, wenn sie solche Sachen kaufen. Und so hat er sich den Trick mit der Kassenschlange ausgedacht. Er lässt sich die Sachen von Fremden kaufen und gibt ihnen dann hinterher das Geld. Schließlich ist da die Kellnerin, der Barmann und die geschwätzige Nachbarin, die ausgerechnet heute an der Kasse sitzt – zu viele neugierige Augen, und in dieser Gegend hier gerät man schnell in Verruf.

»Sie haben mir einen großen Gefallen getan. Hier sind die zweiunddreißig Euro, die Sie für mich ausgelegt haben. Wissen Sie, ich träume ja davon, eines Tages in meinem Dorf einen Sexshop aufzumachen, irgendwann werden die verlogenen Spießer hier schon ihre strenge Haltung aufgeben.«

Damit verabschiedet er sich, geht weg und zündet sich im Gehen eine Zigarette an.

Ich sehe Jutta auf mich zukommen. O Gott, sie hat bestimmt alles beobachtet! Ich erstarre. Da sehe ich auch schon ihre Augen böse funkeln. Doch nein, sie ist nur sauer, weil ich sie habe warten lassen.

Beim Abfahren erwartet uns ein neues Problem: Die Tür des Campers lässt sich gar nicht mehr schließen. Das war ja zu erwarten! Wir versuchen etliche Male, dieses verfluchte Schloss einrasten zu lassen, doch unsere Versuche sind von wenig Erfolg gekrönt. Daraufhin beschließe ich, abzuschrauben was geht, und dann passt es so halbwegs. Morgen wird der Camper wieder in seiner Mietstation sein, da werden sich schon die Leute der Vertragswerkstätte darum kümmern und das Schloss und die kaputten Spiegel austauschen. Doch Jutta hat noch einen Wunsch. Und wie könnte ich ihr den verwehren?

»Warum schlafen wir nicht noch heute Nacht hier drinnen?«

»Was soll das denn? Wir sind gleich in Rom, dort erwartet uns unser gemütliches Zuhause! Ich bin ja eher dafür, gleich den Kleiderschrank und die Schubläden leer zu räumen, sobald wir angekommen sind.«

»Das meiste ist schon erledigt. Während du einkaufen warst, habe ich deinen geliebten Elektrobesen geschwungen, den Kühlschrank geleert und diesen eingetrockneten Brotkanten entsorgt, den wegzuwerfen ich dich schon vor zwei Tagen gebeten habe.«

»Hast du die Hängeschränke ausgeräumt?«

»Aber sicher. Übrigens, *amore*, kannst du mir mal verraten, was der Rest von dem verbrannten Knoblauch neben der Marmelade zu suchen hatte?«

»Bitte, Jutta, erinnere mich nicht daran.«

»Und, was ist?«

»Wie, was ist?«

»Wo schlafen wir heute Nacht?«

»Da gibt es diesen Parkplatz bei den Caracalla-Thermen, aber willst du das wirklich? Ich halte das ja für Schwachsinn, ich muss ja auch noch den Wassertank leeren und die Schmutzwassertanks reinigen. Du siehst also, *amore mio*, dass ich heute Abend noch einiges zu erledigen habe.«

»Wie schade!«

Der einzigartige Reiz einer Reise im Camper liegt in der Sache selbst: in den eigenen vier Wänden auf Reisen zu gehen und so die größtmögliche Unabhängigkeit zu genießen. Ist das nicht wunderbar? Mit einem Camper lassen sich fremde Städte und Länder erkunden, man knüpft Beziehungen zu den Menschen, die dort leben, und erlebt einen einzigartigen Urlaub. Nichts ist vorgegeben außer der Strecke, und so wird der Urlaub zu einer Art Spiel nach den Regeln einer selbst erdachten Geschichte, bei der Spontanität im Vordergrund steht. Jeder Tag hält neue Überraschungen bereit, und man empfindet eine ganz andere Freude als hinter dem Steuer eines Autos. Wenn wir nämlich mit dem verreisen, ist der Kofferraum bis zum Anschlag vollgestopft, und es geht darum, möglichst schnell irgendwo anzukommen. Mit dem Camper ist der Weg das Ziel. Man fühlt sich wie zu Hause und ist gleichzeitig unterwegs. Man könnte es mit Pinos Maxime auf den Punkt bringen: »Lieber reisend wohnen, als einbetoniert leben.« Bewegungsfreiheit wird zu einem Teil des Alltags. Es ist wie bei den Zirkusleuten: Sie arbeiten unter einem großen Zelt, leben aber in einem Wohnwagen. Oder die Nomaden und Zigeuner, die die Freiheit lieben, denn nur so kommt man dahin, wohin man wirklich will. Nur sollte das Mittel nicht wichtiger werden als der Zweck, das Reisen, das Unterwegssein, das bleibt das Wichtigste.

Mein ganzes Leben habe ich mich gefragt, ob es vernünftig ist, ein Auto zu haben, da ich immer total nervös werde, wenn auf den Straßen ein bisschen mehr Verkehr herrscht, und mit meiner Nervosität alle in meiner Umgebung anstecke. Daher plane ich meine An- und Abreisen immer höchst intelligent, um nicht zu sagen genial: Ich fahre am Sonntagmorgen oder an Ferragosto gegen Mittag über leere Straßen, während alle beim Essen sind, manchmal ist auch Mitternacht besser. Wie schaffen das bloß die anderen, stundenlang in ihren Autos zu stecken und dann völlig fertig anzukommen? Im Camper kannst du zwischendrin die Zeit nutzen, du bist ja zu Hause und hast alles, was du brauchst.

»Wir haben es wirklich gut, dass wir eine Hälfte des Jahres in München verbringen und die andere in Rom. Hier muss man die Sehenswürdigkeiten ja gar nicht mehr suchen, hier stößt man alle fünfzig Meter mit der Nase darauf, und eins ist prächtiger als das andere! Die Bogengänge, die Basiliken, die riesigen Platanen am Tiber, die weitläufigen Plätze ...«

»Ja, du hast recht, Jutta, über diese Stadt kann man wohl alles behaupten, nur nicht, dass hier wenig los ist. Sogar jetzt herrscht reger Verkehr, und dabei ist es schon Abend! Sieh mal, wo wir hinfahren.«

»Wie schön! Eine Spazierfahrt auf den Gianicolo!«

»O ja! Wie oft waren wir hier oben und haben uns geküsst. Der schönste Blick auf Rom! Wie sagst du noch mal dazu?«

»Der Hain der Stille.«

»Bist du glücklich?«

»O ja! Lass uns doch einfach hierbleiben.«

Warum eigentlich nicht?

»Weißt du, warum man Rom die Ewige Stadt nennt?«

»Nein, sag du es mir.«

»Weil sie einem unter dieser verrußten Patina, die sich auf alle diese Meisterwerke aus der Vergangenheit gelegt hat, zu sagen scheint: ›Ich bin hier seit vielen Jahrhunderten, und hier bleibe ich auch. Und du bist derjenige, der nur vorrübergehend hier weilt, du wirst schon sehen, was danach kommt.‹«

»Leg doch noch mal die CD von Mina ein, du hast mir die letzte Strophe noch nicht übersetzt.«

»Ach, stimmt ja.«

E se domani
e sottolineo »se«
all'improvviso
perdessi te
avrei perduto
il mondo intero,
non solo te

(Und falls ich dich morgen, und ich betone »falls«, falls ich dich morgen also plötzlich verlieren würde, dann hätte ich die ganze Welt verloren, nicht nur dich)

(Text und Musik: Carlo Alberto Rossi e Giorgio Calabrese, 1964)

EPILOG

Es waren einmal ein kleiner italienischer Junge und ein kleines bayrisches Mädchen.

Beide wuchsen in gutbürgerlichen Familien auf. Ihre Väter waren beide Anwälte, der eine sehr damit beschäftigt, Straffällige zu jagen und ihnen eine gerechte Strafe zu verordnen, der andere jagte hinter guten Patenten her, um der Menschheit das Leben zu erleichtern. Der kleine Junge hörte sich beim Abendbrot die schrecklichen Untaten der Klienten seines Vaters an und versank dabei in Spaghettibergen, die seine Großmutter ihm Tag für Tag auf den Teller häufte und die ihm nächtliches Alpdrücken verursachten. Das kleine Mädchen verbrachte so manche Nachmittage mit dem Vater im Deutschen Patentamt, ausgestattet mit Salatgurke und Butterbrot, wühlte in Akten und war von den skurrilen Patenten fasziniert.

Nachts träumte sie davon, eine große Erfinderin zu werden, während in tausend Kilometer Entfernung der kleine Junge vor Angst schlotterte, weil der Vater erwartete, dass der kleine Junge in seine Fußstapfen trat.

Aber es kam ganz anders.

Beide Kinder hatten eine geheime Leidenschaft. Sie spielten gern unterschiedliche Rollen, verkleideten sich und nahmen andere Charaktere an. So liebte es der Junge, groß, mutig und stark zu sein. Er war Pirat,

Polizist und Musketier. In seinen Rollen beschützte und verteidigte er seine geliebte Mutter. Er war ihr Held in seinen Träumen und wurde gelobt und geliebt, nur leider wusste sie in Wirklichkeit nichts davon. Mit ihr konnte er fliegen, hatte Batmanflügel und stürzte sich locker von jedem Hochhaus oder jedem Felsen des Gran Sasso. Er konnte alles, wenn man ihn nur lobte und bewunderte.

Das Mädchen wartete auf ihren Prinzen, den Helden ihrer Kindheit, der schön gewandet sie aus dem Schloss entführte, um mit ihr ein Pferd zu besteigen und die Welt zu erobern. Dann mutierte sie zur Kämpferin mit Schwert und Degen, schlug sich mit allen Halunken, um dann siegreich aus dem Kampf hervorzugehen und mit ihrem Prinzen den Bund der Ehe einzugehen und viele Kinder zu gebären. Dabei war sie natürlich atemberaubend schön.

Und wenn sie nicht gestorben sind, dann träumen sie heute noch!

Das kleine Mädchen hat sich ihre Träume als Kindheitserinnerung erhalten und einige auch umgesetzt. So wurde sie im Laufe der Jahre eine mutige, geradlinige Frau, die es liebt, den Boden unter den Füßen zu spüren, während sie durchaus ihre Träume fliegen lassen konnte.

Der kleine Junge war und blieb mit seiner Seele im luftigen Raum. Die Träume waren seine Basis, mit der er den Alltag auf Erden ertragen konnte. Wann immer es ging, ließ er sich in sie fallen, hörte nicht, wenn man nach ihm rief, verstand nicht, was man zu ihm sagte, aber dann tauchte er mit seinem unnachahmlichen Lächeln auf und verzauberte alles um ihn herum.

Viele, viele Jahre später begegneten sich die beiden nun schon erwachsenen Kinder. Den Jahresringen nach zählten sie bereits zu den Bestagern. Sie vermischten ihre Träume, der große Junge sattelte viele Pferde, jedoch hatte er mit dem Reiten kein Glück. Das große Mädchen schwang jede Menge Schwerter, aber stellte fest, dass sie sich dabei einen enormen Muskelkater zuzog. Da beschlossen sie, eine Reise mit einem Wohnmobil zu machen, und schrieben darüber ein Buch. Der Leser hat nun die Wahl, wem von den beiden er mehr Glauben schenken soll, und wenn er so klug ist, von beiden das Geschriebene zu vermischen, dann wird es auch seine Träume beflügeln.

Jutta Speidel / Bruno Maccallini
Wir haben gar kein Auto ...
Mit dem Rad über die Alpen
Mit vierfarbigem Bildteil. Originalausgabe

ISBN 978-3-548-37318-8
www.ullstein-buchverlage.de

Freiwillig mit dem Fahrrad von München nach Merano! In zehn Tagen und quer über die Alpen! Jutta Speidel und Bruno Maccallini scheuen keine Strapazen. Anfangs läuft alles gut, sie genießen die herrliche Landschaft, die freundlichen Menschen, das gute Essen der Regionen. Doch die Katastrophen lassen nicht lange auf sich warten: Die italienische Telefonitis nimmt ungeahnte Ausmaße an, und Jutta bekommt Hexenschuss. Dauerregen, Radpannen, kein freies Nachtquartier – Bruno hat keinen Bock mehr, die Berge hinaufzuradeln. Aber da prallt italienisches dolce far niente auf deutsche Disziplin und Gründlichkeit. Herrlich komisch erzählen Jutta Speidel und Bruno Maccallini von den absurden, anstrengenden, aber auch schönen Erlebnissen ihrer gemeinsamen deutsch-italienischen »Tour de Force«.

Das starke Geschlecht ganz schwach

Hanna Dietz
MÄNNERKRANKHEITEN

Schmutzblindheit, Mitdenkschwäche, Einkaufsdemenz und weitere unheilbare Leiden unserer echten Kerle

ISBN 978-3-548-37412-3
www.ullstein-buchverlage.de

Der Mann ist die Krone der Schöpfung. Doch wer selbst ein Exemplar zu Hause hat, weiß längst: Männer leiden an den seltsamsten Krankheiten. Sie haben eine angeborene Gemüseintoleranz. Ihre chronische Haushaltsschwäche erwerben sie durch dauerhaftes Verwöhntwerden. Und mit ihrer Smartphonitis treiben sie ihre Partnerinnen in den Wahnsinn. Behandelbar sind die Männerkrankheiten leider nicht – aber sehr lustig.

»Unser Snackverkäufer bietet Ihnen nun Sex und heiße Getränke an!«

Antje Blinda / Stephan Orth

SORRY, WIR HABEN UNS VERFAHREN

Kurioses aus der Bahn

ISBN 978-3-548-37436-9
www.ullstein-buchverlage.de

Wirre Durchsagen, verfehlte Bahnhöfe, nervige Mitreisende: Wer viel mit der Bahn unterwegs ist, erlebt überall auf der Welt jede Menge Schikanen auf Schienen, aber manchmal auch erfrischend schlagfertiges Personal. Hunderte Leser haben ihre besten Anekdoten an SPIEGEL ONLINE geschickt – herausgekommen ist die perfekte Lektüre für lange und kurze Zugfahrten. Speziell dann, wenn es mal wieder länger dauert als geplant und Durchsagen wie diese zu hören sind: »Verehrte Fahrgleise, wir bedanken uns für die Verspätung und entschuldigen uns für Ihre Reise mit der Bahn!«

Jutta Speidel & Bruno Maccallini
AHOI, AMORE!
Unterwegs auf dem falschen Dampfer

Schrecklich amüsant – aber in Zukunft ohne uns

ISBN 978-3-548-37460-4

Fantastico! Drei Wochen dürfen Jutta Speidel und Bruno Maccallini an Bord eines Traumschiffs kostenlos durch den Südpazifik schippern. Einzige Bedingung: An mehreren Abenden sollen sie das Publikum im Salon unterhalten. Doch was nach Urlaub und einer Menge Spaß klingt, entpuppt sich bald als Fahrt in schwerer See – mit kleinen und größeren Katastrophen. Schon bald wird der Italiener an Juttas Seite seekrank, und so muss sie den zweideutigen Avancen des Magiers Cusco alleine Paroli bieten. Zugleich bringt das deutsch-italienische Duo Erstaunliches über die Marotten der Reichen in Erfahrung.

Auch als ebook erhältlich

www.ullstein-buchverlage.de

ullstein

Ben Ryder Howe

BEGRABT MEIN HERZ IM TIEFKÜHLFACH

Mein Jahr als Ladenhüter

»In dieses Buch kann man sich nur verlieben.«

New York Times

Ben Ryder Howe hat ein Problem: Trotz seines Jobs als Redakteur bei einer New Yorker Literaturzeitschrift herrscht Ebbe in der Kasse. Geld muss her, aber wie? Am besten, indem man einen Gemischtwarenladen eröffnet – meinen zumindest seine koreanische Ehefrau und deren Mutter. Der Not gehorchend, wird Howe Betreiber eines »Delis« in Brooklyn und muss fortan mit diversen Widrigkeiten kämpfen: einer rustikalen Stammkundschaft mit abstrusen Wünschen, halbseriösen Lieferanten – und der allgegenwärtigen Schwiegermutter.

www.ullstein-buchverlage.de